LUN

YU

XIN

CAI

论语新裁

猜枚生 ◎ 著

中国出版集团有限公司

世界图书出版公司

广州·上海·西安·北京

图书在版编目（CIP）数据

论语新裁 / 猜枚生著. — 广州：世界图书出版广东有限公司，
2023.11（2025.1重印）
ISBN 978-7-5232-0933-2

Ⅰ.①论… Ⅱ.①猜… Ⅲ.《论语》—研究 Ⅳ.①B222.25

中国国家版本馆CIP数据核字（2023）第212911号

书　　名	论语新裁
	LUNYU XINCAI
著　　者	猜枚生
责任编辑	华　进
装帧设计	书窗设计
出版发行	世界图书出版有限公司　世界图书出版广东有限公司
地　　址	广州市海珠区新港西路大江冲25号
邮　　编	510300
电　　话	（020）34203432
网　　址	http://www.gdst.com.cn
邮　　箱	wpc_gdst@163.com
经　　销	新华书店
印　　刷	悦读天下（山东）印务有限公司
开　　本	787mm×960mm　1/16
印　　张	18
字　　数	200千字
版　　次	2023年11月第1版　　2025年1月第2次印刷
国际书号	ISBN 978-7-5232-0933-2
定　　价	88.00元

前　言

　　《论语》影响了中国人两千多年，但人们只是把它当作一部记载孔子及其弟子言行的书。孔子的言行中确实包含很深的学问，但《论语》并非仅是孔门弟子的课堂笔记。《论语》具有明确的逻辑性，其讲述孔子及其弟子的言行，目的是要表达自己的思想。书中每一篇都有自己的主旨，二十篇连起来是一整篇文章。《论语》是一座富丽堂皇的宫殿，每一间殿堂都有专门的用途。但由于它是用金砖盖成的，人们便把注意力放在一块块光彩夺目的金砖上，而忽视了殿堂的用途，也就更忽略了这座宫殿的恢宏。

　　《礼记·檀弓上》记载了这样一则有关孔门弟子言行的小故事。

　　有子问曾子："在先生那里听说过失去官职方面的事情吗？"曾子说："我听他说的是希望丢官后赶快贫穷，希望死后赶快腐烂。"有子说："这不是君子说的话。"曾子说："我的确是从先生那里听来的。"有子听了又说："这不是君子说的话。"曾子说："我是和子游一起听到这些话的。"有子说："的确。但先生这样说肯定是有原因的。"曾子将这些话告诉子

游。子游说："有子说话很像先生啊！那时先生住在宋国，看见桓司马给自己做石椁，三年还没完成。先生说：'像这样奢靡，倒不如死了赶快腐烂，越快越好啊。'先生希望人死了赶快腐烂，是针对桓司马而说的。 南宫敬叔原来失去官职，离开了鲁国，回国后，带上宝物朝见国王。先生说：'像这样对待钱财（行贿），丢掉官职以后不如赶紧贫穷，越快越好啊。'希望丢掉官职以后迅速贫穷，是针对敬叔说的啊。" 曾子将子游的话告诉有子。有子说："是啊。我就说了不是先生的话呀。"曾子说："您怎么知道的呢？"有子说："先生给中都这个地方制定的礼法中有一条：棺材板四寸，椁板五寸。依据这知道先生不希望人死后迅速腐烂啊。从前先生失去鲁国司寇的官职时，打算前往楚国，就先让子夏去打听，又让冉有去申明自己的想法。依据这知道先生不希望失去官职后迅速贫穷。"

以此观之，即便是孔夫子的原话，也需依据具体语境具体情况去分析，不能只依字面意思去理解。

笔者学识有限，解释或有错漏；加之所依据的《论语》文本在几千年的流传中恐已并非原貌，故更可能是臆测经典。但笔者只望人们将《论语》当作一篇完整的文章来读，不要忽略这部著作的精髓。

以下是笔者归纳总结的一些《论语》读法，特与诸君分享：

一、《论语》虽大量记载了孔子及其弟子的言行，但其表达的是编者的观点，而非孔子的观点。知此者，方可读《论语》。

二、对于《论语》所引用的孔子及其弟子的言行，既要理解其言行本意，又要理解《论语》引用所要表达的意思。知此者，方可读《论语》。

三、《论语》引用孔子及其弟子言行可分为两种：一种系独立引用，另一种则是结合人物、事件进行引用。独立引用者为直接使用其言行的内容来表达所要说明的问题，结合引用者则是要借助事件背景、社会环境、人物身份与特点等因素共同表达其意。知此者，方可读《论语》。

四、《论语》乃精心编排而成，其对每一句话的使用都有深意，如一章中有两句话，说明仅一句话尚不足以表达作者的意思。知此者，方可读《论语》。

五、《论语》当中的重复须细细揣摩，无论是相同还是相近的一句话重复出现，其所要表达的意思及作用可能已经不同。知此者，方可读《论语》。

六、孔子及其弟子言行为孔门学问的体，《论语》通过对这些内容进行编排，提出了一整套完整的理论，是孔门学问的用。知此者，方可读《论语》。

以上皆读《论语》之要法，谨录卷首，以结知音，愿读者留心焉。

目　录

录目

《论语》思维导图

（上半部）

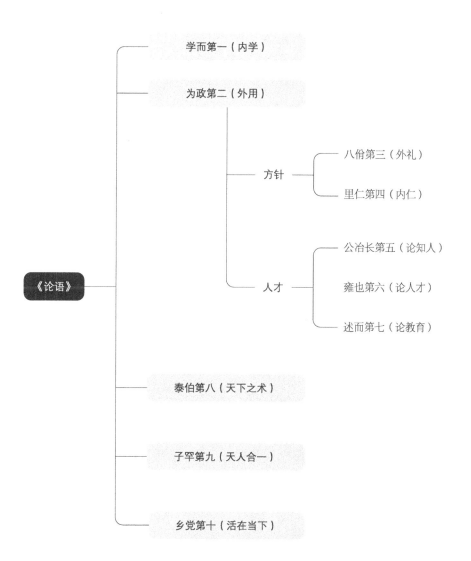

《论语》

- 学而第一（内学）
- 为政第二（外用）
  - 方针
    - 八佾第三（外礼）
    - 里仁第四（内仁）
  - 人才
    - 公冶长第五（论知人）
    - 雍也第六（论人才）
    - 述而第七（论教育）
- 泰伯第八（天下之术）
- 子罕第九（天人合一）
- 乡党第十（活在当下）

《学而》篇图解

论学

为什么学
- 子曰：学而时习之，不亦说乎？有朋自远方来，不亦乐乎？人不知而不愠，不亦君子乎？
- 有子曰：其为人也孝弟，而好犯上者鲜矣；不好犯上而好作乱者，未之有也。君子务本，本立而道生。孝弟也者，其为仁之本与？

学什么
- 子曰：巧言令色，鲜矣仁。
- 曾子曰：吾日三省吾身：为人谋而不忠乎？与朋友交而不信乎？传不习乎？
- 子曰：道千乘之国，敬事而信，节用而爱人，使民以时。
- 子曰：弟子入则孝，出则弟，谨而信，泛爱众，而亲仁，行有余力，则以学文。

怎么学
- 子夏曰：贤贤易色。事父母能竭其力，事君能致其身，与朋友交言而有信，虽曰未学，吾必谓之学矣。
- 子曰：君子不重则不威，学则不固。主忠信。无友不如己者，过则勿惮改。

学以致用
- 曾子曰：慎终追远，民德归厚矣。
- 子禽问于子贡曰：夫子至于是邦也，必闻其政。求之与？抑与之与？子贡曰：夫子温、良、恭、俭、让以得之。夫子之求之也，其诸异乎人之求之与？
- 子曰：父在观其志，父没观其行，三年无改于父之道，可谓孝矣。
- 有子曰：礼之用，和为贵。先王之道，斯为美，小大由之。有所不行，知和而和，不以礼节之，亦不可行也。
- 有子曰：信近于义，言可复也。恭近于礼，远耻辱也。因不失其亲，亦可宗也。

学的目标
- 子曰：君子食无求饱，居无求安，敏于事而慎于言，就有道而正焉，可谓好学也已。
- 子贡曰：贫而无谄，富而无骄，何如？子曰：可也。未若贫而乐，富而好礼者也。子贡曰：《诗》云："如切如磋，如琢如磨"，其斯之谓与？子曰：赐也，始可与言《诗》已矣，告诸往而知来者。
- 子曰：不患人之不己知，患不知人也。

学而第一

　　《学而》篇旨在论学。本篇所讲的"学"并不是现代学校所开设的各门功课，也不是生活技能或政治、经济、军事等方面的知识，而是做人做事的道理。《学而》篇关于学共讲了五个方面的问题，分别是为什么学、学什么、怎么学、如何学以致用以及学的目标。

一

为什么学

　　本篇第一个问题在讲人为什么要学，这部分由第一章与第二章两章组成。人为什么要学？因为学对自己和社会都有好处。

　　第一章在讲学对于个人是有益的。

【原文】

　　子曰：学而时习之，不亦说乎？有朋自远方来，不亦乐乎？人不知而不愠，不亦君子乎？

【试译】

孔子说：领悟智慧并在实践中加以运用，不是令人愉快的事吗？学问相近的人从远方慕名而来，不是令人高兴的事吗？别人不了解你的学问而你并不感到失落，这不就是君子的境界吗？

"学而时习之，不亦说乎"意思是说人学到了人生的道理可以经常在实践中加以体会和应用，此时内心会感到愉悦。"学"与"习"是不同的概念，"学"指的是获得知识、技艺与智慧等东西，而"习"是指实践，即把学到的东西在实践中加以运用。"说"同"悦"，是喜悦的意思。

人为什么要"学"？有的人基于好奇心而有学的欲望，而有时学有所得也确实可以使人觉得充实，但这些情况并非适用于所有人，也并非适用于人的所有时候，因此如果笼统地以"学会令人快乐"为由劝学是难以让人普遍接受的。想要找一个可以令人普遍接受的进学理由是非常不容易的，如果学是为了谋生，那么没有谋生压力的人是否就不需要学了？如果学是为了发展，那么不想发展的人是否就不需要学了？尤其有的人在学的时候是带着压力的，此时很容易令人觉得枯燥与烦闷，那么该如何导人去"学"呢？此处引用孔子的话，提出了一个最为通俗易懂的理由，那就是"学"之后的"习"是可以带给人快乐的。

把学到的东西在实践中加以运用，当其发挥作用后，人的心里是会有一种成就感的，这就是"习"所带来的快乐，这是每个人都能感受到的，符合生活经验，对每个人来说都具有说服力。而"学"是"习"的基础，要想得到"习"的快乐自然需要"学"的基础，这就是"学"的意义。例如医生治愈病人后，除了可以分享病人恢复健康的喜悦外，还会因为自己的价值得到体现而有成就感。从做人做事的角度来说，人如果领悟了一个道理，在生活中加以揣摩运用，最后发现其确实能够发挥作用，内心的成就感是会令人非常满足的。

"有朋自远方来，不亦乐乎"是"学"的第二种快乐——闻达于天下的快乐。"乐"与"说"相比，在程度上更进了一步，说明这是更高等级的快乐。"有朋自远方来"并非指有朋友从外地来做客，而是指一个人学有所成，远方有人可能素未谋面，但因对其学问的仰慕而前来拜访。但这句话当中所包含的意思不止于此，"朋"是两个人相似或相近的意思，此处用"朋"而不用"人"，表明所来之人不仅是自己的仰慕者，而且其学问水平与自己相近。当人有了很高的学问，又遇到同样有很高水平之人前来拜访，这种情况十分难得，故此"不亦乐乎"！民国时期四川自贡有一位学者李宗吾，是同盟会的人，他创立了"厚黑学"，自称"厚黑教主"，在社会上产生了一定的影响，有的人对其比较推崇，也有的人大加驳斥。在天津有一位叫张默生的人，在他还没有见过李宗吾的时候就对"厚黑学"十分认同，发表了很多文章来论述"厚黑学"，两人还没有见面就已经互相知道并高度认可对方了。一日，李宗吾从四川来到天津，未事先通知就直接找到

了张默生的家，直接拍打大门："厚黑教主来也！"试想，张默生来开门时心中会是何等激动。除了地理上的距离外，"远方"也可以理解为时间上的间隔。孔子在当世并不如意，但三百多年后汉武帝、董仲舒、司马迁却对其无比尊崇，南怀瑾先生说，这个"远方"就是数百年之后了。司马迁在《史记》中将孔子归入世家的行列，认为孔子有千秋功业，"高山仰止，景行行止；虽不能至，然心乡往之"，这样的敬仰是足以令孔子欣慰的。

"人不知而不愠，不亦君子乎"表面上看似与学无关，其实是在继续"学"的话题。人如果学有所成，为天下所认可确实会有极大的成就感，但如果未能为天下认可又该怎么办呢？这一句所针对的就是这种情况。有学问就一定会得到社会的认可吗？不一定。有的人学问很好，但由于缺少机会实践，并没有被人们了解，自然也就没能在社会上产生广泛影响，但这并不等于所学的东西没有用处。孔子告诉我们，这是去领悟更高境界的机会。至于领悟到的是什么，只有达到这一境界的人才会知道。

这句话中"人不知"的对象是学问而不是人，指的就是虽有学问却未能被社会认可的情况。孔子就经历过这样的情况，他虽有很好的学问，但离开鲁国后，一生到处碰壁。各国君王都了解他的才能，但最终都不能真正用之，以致孔子未能真正施展其政治抱负。但也正因如此，孔子才会晚年专心教学，取得了万世的成就。如果你具备了很高的学问却没有人了解你，不要气馁，这是老天给你修炼品格、提升自我的机会，不怨天尤人，才能真正领悟君子的境界。

有用之用乃是小用，无用之用方为大用。佛教禅宗六祖惠能的故事很能够说明这个道理。惠能是广东人，在湖北黄梅向五祖弘忍学法时，凭佛偈"菩提本无树，明镜亦非台。本来无一物，何处惹尘埃"得到了五祖的认可。后五祖深夜传法给惠能，并将衣钵传给了他。此时惠能心下大悟，可谓学有所成。但他被社会认可了吗？没有。非但未得到认可，反而身处险境，因为当时学佛的很多人都想争夺衣钵，惠能只得连夜逃走。此时的惠能即是处于"人不知"的状态，至于"不愠"对他来讲已经远远不够了，他一直从湖北逃回广东，"人不知"还要逃命，"不愠"算什么？到达广东四会后，惠能隐姓埋名混迹在猎人群中，直到十五年后才现身。这就是"人不知而不愠"的境界，耐得住寂寞才有大成就。

这三句话放在一起不是随便拼凑的，而是有着逻辑关系的，都在讲"学"的作用。"学而时习之，不亦说乎"在讲学问可以通过应用为人带来喜悦，是一种内在的喜悦，是学的内用；"有朋自远方来，不亦乐乎"是在说学问的影响力，是外在反应所带来的快乐，是学的外用；"人不知而不愠，不亦君子乎"在讲学问未能被社会认可，却可以使人进一步领悟智慧，是学的无用之用。需要注意的是，这三句话当中，第一句对于每个人来讲都是适合的，而后两句则只是适合少数人的，所以对于多数人来说，只要理解了第一句就足以为学找到充分的理由了。

第二章在讲学对社会也是有益的。

【原文】

有子曰：其为人也孝弟，而好犯上者鲜矣；不好犯上而好作乱者，未之有也。君子务本，本立而道生。孝弟也者，其为仁之本与？

【试译】

有子说：一个孝敬父母、关爱兄弟的人，是很少愿意冒犯管理者的；不喜欢冒犯管理者而喜欢在社会上作乱的人，是从没有过的。治理社会的人要抓住问题的根本，把根本树立起来后其他各方面的秩序自然就建立起来了。孝和悌这两件事，不正是社会关系的根本吗？

"弟"同"悌"。"仁"在此处可解释为社会关系。有子是孔子的弟子，名有若，字子有。有子形象气质方面有些像孔子，孔子去世后其他弟子曾请有子上台代师授课，但由于水平与老师相差尚远，所学不够全面，还是被"请"了下来。此处之所以引用有子的话，并非由于有子在孔门中地位高，而是因为这句话的内容，可以说明"学"是有益于社会治理的，也是有利于维护统治的。孝与悌都是《论语》所主张学的内容，人如果做到孝与悌，说明父母、兄弟在其心中的位置很重要，他会为了父母、兄弟而克制自己的行为，很少会顶撞管理者。能够做到不顶撞管理者，自然也就不会违反社会规范。这样一来，整个社会就稳定了，社会治理也就好办了。因此，如果想维护社会稳定、巩固统治，就应该重视教育，鼓励人们去学孝与悌。所以，"学"不仅是个人的事，更是整个社会的事，教育因此就变成了国家治理当中的一部分。此处表面在讲社会治理重在治本，实际上在讲孝、悌可以通过引导人们去学来实现，是在讲学对于社会的重要性。后世所谓"圣朝以孝治天下"，就是在应用这句话中的道理。第二章与第一章合在一起，讲学对个人与社会来说有什么作用，两章所讲的其实是一个主题——人为什么要学。

讲了为什么要学之后，本篇接下来的四个问题分别对应了《易经》中所讲的元、亨、利、贞四个方面。元是事物的基础，就学而言指的就是学的内容；亨是连通，就学而言是指求学者与所学内容之间的关系，也就是学的态度和方法；利是使用，即所学的东西应如何加以运用；贞是美好，就学而言是指学对于人有什么价值，也就是所能达到的效果。

学什么

第三章到第六章在讲该学什么。就这个问题而言不可一概而论，因为对不同的人来说，应当学的东西其实是不一样的。

第三章首先讲不该学什么。

【原文】

子曰：巧言令色，鲜矣仁。

【试译】

孔子说：擅长使用语言和表情通常不是仁的表现。

"巧言令色"意思是很会讲话、很会拿捏自己的表情和态度，这是很多家长都会教孩子的东西，但孔子却认为这并不是好东西，说它"鲜矣仁"。从现实的经验来说，"巧言令色"是非常有用的东西，晚于孔子的纵横家代表苏秦、张仪，就是靠着巧舌如簧将天下玩弄于股掌之间，既得到了荣华富贵，也留下了千古之名。孔子虽然不强调口才，但在齐国要攻打鲁国的时候，派弟子子贡全力展开外交，最终保全了鲁国，也是靠着"巧言令色"成功的。但是，"巧言令色"是属于技术层面的东西，有一定用处，却不是《论语》主张所学的主要内容。有些人巧舌如簧、滔滔不绝，让人感觉很有学问，但是否真有学问就很难说了。孔子并非口才不好，但他一直注重义正辞严，以理服人，而不逞口舌之利。在后文中，弟子宰我提出对于守丧是否要三年的问题，讲得振振有辞，孔子并不与其辩论，只是告诉他心安就好，一句话抓住问题的关键。在阳货逼孔子出仕的时候，孔子没有任何辩驳，他并非没有言辞可用，而是不与对方争辩，我嘴上答应你不就解决问题了吗？不像那些能言善辩之士，永远都是"理屈而词不穷"。

第四章在讲普通求学之人应当学什么。

【原文】

曾子曰：吾日三省吾身——为人谋而不忠乎？与朋友交而不信乎？传不习乎？

【试译】

曾子说：我每天多次省视自己，为人谋事有没有尽到职责，与朋友相处有没有失信于人，对于传承的学问有没有经常在实践中揣摩体会。

曾子名参，字子舆，可谓孔子的嫡传弟子，孔子的孙子子思后来就师从于他。曾子此言首先讲勤勉，每日多次内省，这是非常难以做到的，类似于神秀和尚所言"时时勤拂拭，莫使惹尘埃"。而内省的内容则主要是三个方面：忠、信、习。这也是《论语》主张要学的三个方面：为人谋事要尽忠职守，与人相交要守信用，对于所传承的学问要在实践中不断领会。与后文中子夏的话相比，这段话少了"孝"的内容，而多了"习"的

内容。为什么这里没有提到"孝"呢？这就看出了《论语》编排的技巧，这一章与后面两章是紧密相连的，"孝"是放在后面讲的。

第五章讲的是对当政者来说应当学什么。

【原文】

子曰：道千乘之国，敬事而信，节用而爱人，使民以时。

【试译】

孔子说：领导有千辆战车之国的人，工作敬业并讲诚信，珍惜社会资源且爱护百姓，调度百姓时遵循自然规律。

"道"同"导"，是领导的意思。"乘"指的是战车。周朝时的"国"不同于我们现在所说的国家，而是指分封的诸侯国，"千乘之国"在当时来讲已经是规模较大的诸侯国了。对于已经身居社会管理层的人来说，应该要学的是如何履行好自己的职责，管理好社会，与百姓和谐相处。

第六章讲的是对于尚处于成长中的年轻人应当学什么。

【原文】

子曰：弟子入则孝，出则弟，谨而信，泛爱众，而亲仁，行有余力，则以学文。

【试译】

孔子说：年轻人要在家对父母长辈孝，在外面与朋友和睦相处，做人谨慎，做事守信，关爱更多的人，向着仁的方向发展。这些事情都做到了还想进一步提高，就可以学修饰的技巧了。

对于年轻人来说，要从基础做起，循序渐进。此处首先就讲到了"孝"，"孝"是从小就该学的东西，可以说是所有学问的基础。"孝"通常来说是对父母的，进而推广至"悌"，是对兄弟、朋友的，然后逐渐发展到在社会上的"谨""信""爱""仁"，这些都是身为弟子要学的东西。这里所讲的学的内容并非按先后顺序排列，不是说弟子要先做到了孝再去学悌，它是一种逻辑上的顺序，即孝是首要的，是基础，其次才是悌、谨、信、爱、仁。讲完这些，才提到"文"。《论语》中多次出现"文"这个字，由于孔子是搞教育的，而我们后世的教育当中很重要的是写文章，于是人们就常常把"文"理解为文学、文章。其实孔子重视的是做人做事，而不是文学，他的意思被后人误解了。"文"的本意是修饰、装饰，意思是人类具有社会属性之后，对各方面的事物都不再那么简单、原始，而是

有了修饰、装扮的成分在里面了。这种修饰、装扮不仅限于物品、房屋，也包括语言和行为。把一句话用比较优美的方式说出来，这就是"文"。彩色、图画是物品的文，诗歌、修辞是语言的文，礼是行为的文，这些可以说是把原始的事物进行了"文"化。前文中讲到"巧言令色"就属于"文"的范畴，孔子并不是说"巧言令色"不该学，只是在告诉人们这种人很少能达到"仁"的层面，不是重点该学的，但是把重要的都学到了之后还有余力的，也是可以去学的。本句的意思是说弟子先把做人做事的道理学会了，再学那些修饰、技巧等方面的东西，否则做人做事的基础没打好，学"文"反而是有害的。

第三章到第六章分别在讲什么是不该学的，什么是普通人该学的，什么是管理者该学的，什么是年轻人该学的，四章所围绕的是同一主题——学的内容。

怎么学

第七章与第八章在讲学要采取怎样的态度。对于该怎么去学，《论语》第七篇有全面而系统的论述，而在本篇当中，则只是谈到了学的态度，因为无论是想领悟智慧还是获得知识，学的关键都在于态度。有了正确的态度，必能学有所成。此处讲学的态度主要是两点：一是要发自内心地去学，二是既要自重又不能忽视外在的帮助。

第七章在讲学要有诚意，即要全身心投入。

【原文】

子夏曰：贤贤易色。事父母能竭其力，事君能致其身，与朋友交言而有信，虽曰未学，吾必谓之学矣。

【试译】

子夏说：崇尚贤德，遇到贤良的人与事要改变自己的态度，全心全意去追求。侍奉父母能够尽心竭力，为人做事能够全身心投入，与朋友交往说出的话能够兑现，这样的人即使说没有专门去学，我也一定认为他有学问。

子夏姓卜名商，字子夏，是孔子的弟子，在文学方面比较擅长。子夏晚年在魏国讲学，为魏文侯之师，声望很高。"贤贤易色"，第一个"贤"是动词，即"以……为贤"，第二个"贤"是名词，指的是贤良的品质，包括贤良的人与贤良的事。"易色"是改变自己的态度，肃然起敬。有人把这句理解为"对妻子重品德不重容貌"，这一理解可能是有问题的。首先从逻辑上来说，把妻子摆到父母之前来讲本身就是不合礼数的，子夏不应该犯这样的错误。其次从内容上来说，这里讲的都是该如何对待对方，后面讲了该怎样对待父母、对待老板、对待朋友，那么即使

此处是要讲妻子也应该是讲如何善待妻子，履行好丈夫的职责，而不是选择妻子的标准。从行文上来说，如果真的要讲到妻子应该讲"事妻，白头偕老"，或者"择妻，重德轻色"等，而不应当是这样的写法。此处的"贤贤易色"并不是在讲妻子或女色，而是在讲学的态度。

正确的态度是学的基础，是学当中最先应有的东西。所谓最先并不是指时间上的顺序，而是逻辑上的顺序。小孩子被送到学校去学习，他并不知道为什么去学，一样可以学到很多东西，但这种情况下他的想法很容易被动摇，可能会不认真听讲，不用心去学。如果一个人发自内心地想去学，那么这种情况就不会发生，那种求知若渴的感觉才是最好的老师。人若不领悟到这一点，是无法真正去学的，尤其在智慧的层面。后面讲到"事父母能竭其力，事君能致其身，与朋友交言而有信"，这些就是学问的表现。前面讲过，《论语》所讲的学并不是针对知识而言的，而是为人处世的生活智慧。

与正确的态度相比，学的行为反而没那么重要。一个人能够竭尽全力侍奉父母、尽职尽责、讲信用，这些就是生活智慧，是学问在实际生活中的应用。《论语》开篇就在讲要"学而时习之"，学是习的基础，习是学的目标。这些智慧在生活中能够做到，当然说明他已经学到了，所以不管他此前有没有去学的行为，都已经达到了学的效果，所以子夏才讲"吾必谓之学矣"。

第八章讲学时既要自重又不能自负。

【原文】

子曰：君子不重则不威，学则不固。主忠信。无友不如己者，过则勿惮改。

【试译】

孔子说：君子不自重就会在学的过程中失去主见，不能建立起威信，学到的东西不牢固。这决定于是否忠于自己的内心与是否自信。但也不要认为友人不如自己，发现自己的不足就不要害怕改正。

这里讲既要自重，又不能自负，相当于《大学》中所讲的"正心"。这一章所讲的仍是做学问的态度，属于人自身的问题，而非在社会交往中所要遵循的原则，所以忠与信都不是对外的。"主"是动词，是决定的意思。忠与信是自重的内容，忠是忠于自己的内心，信是坚定自己的信念。人的自重源于内心的坚守，源于对信念的坚持。接下来"无友不如己者"一句，又在讲自重不等于自负，坚守自己的内心并不意味着不能接纳别人的意见，不要轻视别人。"过则勿惮改"，为什么会提到"过"的问题？这里并非指友人指出自己过错的情况，而是当你不自负地认为友人不如自己的时候，就会发现自己身上的不足。"过"是要

靠自己发现的，而不是靠别人指出的。

人做学问要有属于自己的东西，如果一接触新东西就把原有的东西丢弃，那么就无法实现学问的积累，其学问自然无法巩固。学不是简单模仿他人，也不是单纯指从外部获取知识，学是以自己为主体的。学有内学与外学之分，不断向内而求是学当中极其重要的部分。但在巩固学问的同时，又不能拒绝外部的东西，对于那些有益的要虚心接受，这就是"无友不如己者，过则勿惮改"之意。

本章十分重要，其中"主忠信。无友不如己者，过则勿惮改"一句在后文中还再次出现。但是本章内容又很不容易理解，其既告诉人们不要盲从于他人，又讲要听从他人的劝告，也就是说对于别人的东西，有益的要听从，不适合自己的要保留，可是这两者该如何区分？怎么确定对方讲的到底是有益的还是不适合的呢？其实这个问题是没有标准答案的，中华智慧讲究因人而异，究竟该怎么做只能靠每个人自己去领悟。领悟了这句话，就打开了《论语》智慧的大门。中国人讲东西常常是这样，讲了半天之后告诉大家，凡事都不一定，让人无所适从，但这就是中华的智慧，"道可道也，非恒道也。"第七章与第八章在讲学要发自内心，要自重但不可自负，这两章所围绕的主题是学的态度。

四

学以致用

学的目的是用,第九章到第十三章在讲学问如何运用的问题。

第九章讲在用的问题上,首先要有谨慎的态度,不可随意去用。

【原文】

曾子曰:慎终追远,民德归厚矣。

【试译】

曾子说:谨慎地对待事情的结果,要追溯到很久之前;始终保持对事物初始的重视就能使社会风气回到宽广而包容的状态。

人们常常为了解决社会问题而加强社会治理,但很多社会问题恰恰又是由于治理所造成的。这个道理告诉我们,并非学了东西就要用,也不是学的东西都能用。"慎终追远"的"终"指的是事物的最终结果,有人将其理解为死亡,似有些狭隘。人终于死亡,而事物之终可能短于人的死亡,亦可能长于人的死亡。我们回看历朝历代的结局,其问题都可以追溯到朝代开始的时候,

岂是人的一生那么短暂。苏洵在《管仲论》中言："夫功之成，非成于成之日，盖必有所由起；祸之作，不作于作之日，亦必有所由兆。"其实整篇《管仲论》就是对"慎终追远"最好的解释。苏洵认为齐国强盛并非由于管仲，而是由于鲍叔牙举荐了管仲，齐国的衰败并非由于管仲死后竖刁、易牙、开方三个小人导致，而是由于管仲生前未能真正举荐人才。"终"既可以理解为事物的结局，也可以理解为范围的扩展，或是不同阶段的发展。曾子在《大学》中提出的"格物、致知、诚意、正心"之后就是"修身、齐家、治国、平天下"，亦可以用于解释这一句。古代士人以"平天下"为终极目标，落到实处，大多要从"修身"，或是从"格物"开始做起。有志于天下之人，首先对自身的思想言行都要谨慎对待，这就是"慎终追远"的含义。

对于统治者或者有社会责任感的人来说，只有慎终追远，管理好自己的言行，才能引导良好的民风，创造好的社会氛围。人做学问，学不是目的，用才是目的，此处引用曾子的话，意在讲谨慎的重要性。谨慎是用的第一原则，所学不可随便去用。人想把自己的学问应用于社会，要考虑到很多方面，不能只看眼前的问题，而要想到长久之后的发展结果。人在处事时，要有"系统思考"的理念，每做一件事都要想到别人会有什么样的反应，对社会有什么影响，这件事会产生什么样的后果，而这样的结果是不是自己所期望的。如果这一结果是自己所期望的，那么就可以去做，否则就不要去做。

第十章在讲到了用的时候，首先要学会的恰恰是"不用"。这里使用子禽与子贡的对话，是在告诉求学之人，是否能"用"要视情况而定，该用则用，不该用则不用。

【原文】

子禽问于子贡曰：夫子至于是邦也，必闻其政。求之与？抑与之与？子贡曰：夫子温、良、恭、俭、让以得之。夫子之求之也，其诸异乎人之求之与？

【试译】

子禽向子贡求教说：夫子每到一个诸侯国，都会打听人家的政事。是想要在该国从政，还是要教人家如何治政？子贡说：老师是以温和、友善、谦恭、克制、礼让的方式去实现自己目标的。老师即使想从政，他求取的方法不也和他人不同吗？

子禽，姓陈，名亢；子贡，复姓端木，名赐。子禽的意思是，孔子到了每个诸侯国都打听人家的政事，你说孔子想从政吧，又没有看到他去努力争取，你说孔子不想从政吧，他对别人的政事又非常关心，让人看不懂。子贡告诉他说，孔子既不是想要从政，但又不是不想对政事加以影响，如后文中孔子自己所言"无可无不可"。他希望别人做好，但首先希望由管理者自己来做，但如果到了不得已的时候，他自己来做也是可以的。孔子既

非要做，又非不做，先求不做，不得已而做。

事实上，许多读书人最缺乏的就是这方面的智慧，常常自己学了一些东西之后，便认为社会上很多事情都不对，觉得这里该这么改，那里该那么改，而别人似乎又不懂怎么改，于是就想挺身而出，大干一番。这样的心态出发点是好的，但效果通常不好，所以《论语》在讲到这里时告诫读书人，有志于天下可以，但在想有所作为之前首先要知道能不能去做，一厢情愿是不行的。像孔子这么大学问的人也没有到各国去指手画脚，让大家都按他的意思来行事。孔子深通人情世故，非常清楚勉强去"用"还不如"不用"，所以此处在告诉人们要懂得"不用之用"。下面讲了用时所要遵循的几条原则，而这些的前提都是要在"能用"的情况下，如果缺少了这一基础，等于是在出发时就发生了问题，后面的结果自然也就可想而知了。

第十一章在讲用要有始有终，如同孝一样。

【原文】

子曰：父在观其志，父没观其行，三年无改于父之道，可谓孝矣。

【试译】

孔子说：父亲健在的时候观察他的思想和态度，父亲去世以后观察他的行为，如果之前的态度和之后的行为多年如一，那就可以称得上孝了。

　　用之前要想好，可不可以用要视情况而定，如果可以用，那就要持之以恒。不能一开始的时候由于受各方面制约较多就比较收敛，到后来手中权力大了就为所欲为。关于"父在观其志"一语，朱熹注解为"父在，子不得自专"。因为父亲是一家之主，父亲在时儿子没有什么权力，在行为上通常受到父亲的约束，所以重点要考察他的思想和态度，即"观其志"。而当父亲不在了，儿子当家有权力了，行为已不再受约束，此时就该考察他的行为了，看他是不是还和之前保持一致。此处引用孔子的话，表面上是在讲孝要始终如一，其实是在讲取得权力之前与之后要始终如一。父在时观"志"，父没后观"行"，核心都是观其"道"。"父在观其志"并不是说对父亲的意见要绝对服从，而是说尊重父亲，但也要有自己的思想和志向；父亲去世以后，儿子有能力按自己的意志行事了，如果还保持与之前同样的思想和观点，那么才是始终如一，说明是真诚的，没有欺骗。否则父亲在的时候一套，父亲不在了另一套，那分明是欺骗，哪里称得上是孝呢？"三年无改于父之道"，这个"道"既包括了前面的"志"，也包括了后面的"行"。"志"与"行"都是外在的，内在不变的是"道"。

第十二章在讲用时要区分原则与规则。

【原文】

有子曰：礼之用，和为贵。先王之道，斯为美，小大由之。有所不行，知和而和，不以礼节之，亦不可行也。

【试译】

有子说：用礼来调整社会关系，最重要的是和的原则。我们所要传承的精神，关键也在此，大大小小的事情都遵循此原则。仅用和的原则也有行不通的地方，真正理解和的精神才能用好和的方法，但如果离开了礼的节制，和的原则也是难以施行的。

把做人做事的道理用于治理社会时，重要的是把握好原则，但对规则也不可忽视。"礼"是一整套社会规范，有祭天地祖宗的禘礼，有用于婚丧嫁娶的吉礼、丧礼，衣食住行等各方面都有相应的调整规则。但这么多规则，在用的时候并不是机械地执行，最重要的是要遵循"和"这一原则。"和"的内涵很丰富，可以简单地解释为和谐。礼在执行的时候最主要的是和谐，这一原则比那些繁杂的规则更重要。"先王"并不是指上古的君王，而是所谓正统思想的代称。此处引用有子的话，是以"礼之用"为例，告诉人们做事时既要把握好原则，也要发挥规则的作用，二者缺一不可。

第十三章在讲用的时候不可机械从事，要懂得退而求其次。

有子曰：信近于义，言可复也。恭近于礼，远耻辱也。因不失其亲，亦可宗也。

有子说：诚信接近义，所承诺的可以兑现。谦恭接近礼，既不表现出对别人的蔑视，也不会侮辱人。由于两者都没有偏离其本源，也可以遵循。

"用"的时候要结合社会实际情况，不可苛求，当理想状态达不到时，就要退而求其次，这才是现实可行的方法。"义"与"礼"都是用于调整人们行为的道德标准，《老子》曰：失道而后德，失德而后仁，失仁而后义，失义而后礼。似乎"义"与"礼"已经是道德层面较低的行为标准了，可是如果仍然做不到怎么办？做不到就放弃了吗？道德对社会风气的引导是多么重要，自然不可能放弃，如果这一标准仍实现不了，就只能再一步退而求其次。对于大众来说，如果能够做到"信"与"恭"也已经很不错了。

此处"耻"与"辱"是两个词，"耻"是内在的态度，发自内心地瞧不起，"辱"则是外在的表现，是贬损他人的行为。

"因不失其亲"的"亲"是指亲源，引申为本源，所指代的就是"义"与"礼"。"宗"是尊奉的意思。这句话意即"信"由"义"而来，没有脱离"义"的根本，"恭"从"礼"衍生出来，也没有脱离"礼"的根本，所以尊奉它们也是可以的。

第九章到第十三章陆续讲了用的总原则是谨慎，用时要先懂得不用，用时要有恒心，用时要区分原则与规则，用时要结合社会的实际情况，五章所围绕的是同一主题——用的智慧。为什么在论学的一篇当中要花最多的篇幅去讲用呢？因为学不是孤立的，所有的学问都是有体、用之分的，不能只重学问的体，更要注重学问的用，用的智慧本身就是学的重要内容，懂得体用结合方可称为智慧。

五

学的目标

第十四章到第十六章在讲学的目标——修己安人。学的目标从另一个角度理解也就是学的效果、学的价值。

第十四章讲学的内在目标是修己，即提升自己的素质。

【原文】

子曰：君子食无求饱，居无求安，敏于事而慎于言，就有道而正焉，可谓好学也已。

【试译】

孔子说：有修为的人吃饭不介意是否吃饱，住所不追求安逸，做事勤勉且不轻易发表观点，遵循道的精神并以恰当的方式做事，这可以称为很好的学问了。

从内在方面来看，个人修养应以君子为目标。人类社会的基础首先是人，因此人的素质无疑是非常重要的。社会问题很多都是人的素质问题，人的素质提升了，那么很多问题就自然迎刃而解了。人如果能够控制自己的欲望，对物质生活要求不高，同时又能够有效地控制自己的情绪，这样的修为应当说是已经非常不错的了，可以称得上君子的境界了。

第十五章讲学的外在目标是要为社会所接受。

【原文】

子贡曰：贫而无谄，富而无骄，何如？子曰：可也。未若贫而乐，富而好礼者也。子贡曰：《诗》云"如切如磋，如琢如磨"，其斯之谓与？子曰：赐也，始可与言《诗》已矣，告诸往而知来者。

【试译】

子贡说：如果一个人清贫却不谄媚，富贵而不骄横，怎么

样？孔子说：不错。但还不如清贫却愿意遵循道的精神、富贵而能够自觉接受礼的约束的人。子贡说：《诗》说的"如切如磋，如琢如磨"，竟然是这样的意思？孔子说：子贡啊，现在我们可以一起讨论诗了。我只告诉了你诗中所讲的道理，而你一下子就找到了它的出处。

　　从外在方面来看，学问要使人实现与社会之间的有机融合，此处引用孔子与子贡的一段对话就是在说明这一点。子贡首先讲了自己的境界水平，他所说的"贫而无谄，富而无骄"指的就是他自己。他说：老师，如果有一个人能够做到清贫却不向人谄媚，富贵而不对人骄横，这个人的品德应该算不错吧？孔子当然明白他的意思，于是委婉地告诉他说：这种境界确实不错，但是还有更高的境界。更高的境界是什么呢？就是虽清贫却仍愿意遵循道的准则，虽富贵却能够自觉接受礼的约束。此处的"乐"不是快乐的意思，而是"乐道"之意，乐守于道。《史记》中对这句话的记载为"贫而乐道，富而好礼"。

　　子贡听了恍然大悟：《诗》（汉代起称《诗经》）里"如切如磋，如琢如磨"，说的就是这个意思吧！关于此处"如切如磋，如琢如磨"这句话，前人普遍认为是在比喻教育，意思是子贡虽然水平已经比较高了，却认为自己还要继续提高，精益求精。如果只是这样的意思，那么后面两句话在这里使用就完全没有必要了。因为子贡讲完"贫而无谄，富而无骄"之后，孔子告诉他"贫而乐，富而好礼"的境界更高，这足以表明孔子的境界高于子贡，这两句话放在一起已经能够表达教育之意了，后文完全没有必要再画蛇添足，把教育问题拿出来再说一番了。司马迁可能就是这么理解的，所以他在《史记》中引用这一章的时候就省略了后面两句话。

如果说"如切如磋，如琢如磨"是在讲教育，那么后面孔子说子贡"告诸往而知来者"又怎么解释呢？"往"指的应该是"贫而乐，富而好礼"，那么"来"指的是什么呢？应该是"如切如磋，如琢如磨"。"其斯之谓与"译成白话文是"那竟然是这样的意思吗"，这句话表明了子贡的惊讶，说明他通过与老师此次对话后，领会到了这句诗更深的涵义。孔子认为告诉子贡一个道理，他就已经能推演出别的道理，而这个道理就是"如切如磋，如琢如磨"的真正意思，这样一来可以看出子贡对这句诗原本有自己的理解，但经此事之后又有了更深的理解。

"如切如磋，如琢如磨"出自《诗经·卫风·淇奥》，该诗采用比兴的手法，以竹的不同生长期来比喻君子发展的三个阶段：初创期、发展期与成熟期。子贡对于这首诗一定很熟悉，否则他不会在受到老师启发时一下子就想起这句诗。不仅子贡熟悉，其他弟子也很熟悉。曾子在《大学》中也引用了这句诗，他也认为这句诗是在讲教育。切、磋、琢、磨都是加工的方式，教育确实可以理解为对人的加工，因此把这句诗的内容理解为教育并不难。子贡熟悉这句诗，他原本一定对其已经有了一定的理

解。那么，经过此次师生对话后，子贡领悟到了什么新东西呢？

　　子贡所提出的"贫而无谄，富而无骄"讲的是一个人的内在状态，穷困时不去谄媚，富贵了也不骄横，这个人的内在修为确实已经很不错。但是，这个人只考虑到了哪些是不该做的，而对于该做的另一部分却忽略了——要让外界知道你的品德。假如你的邻居发现你失业在家，饭都吃不上了，那他上班都会不安心，时刻担心你会去他家偷东西；地方上的管理者也会把你当成不稳定因素，对你要加强防范。所以，你自己虽然修为不错，却给周围的人带来了负担，还浪费社会资源。而且这对你自己也不好，人都会远离你，这就是缺乏了解所造成的。富了也一样有问题，虽然你态度不骄横，但谁知你会不会与别人勾结，图谋不轨，于是更要派人紧盯着你。你的内在修为虽好，可别人却不知道，所以仅仅注重内在的修为是不够的。

　　孔子所讲的境界——"贫而乐道，富而好礼"的不同之处又在哪里呢？"贫而无谄，富而无骄"只考虑到了自己该怎么做，"贫而乐道，富而好礼"则考虑到了如何让社会了解自己。孔子的意思是说，你光自己做到了提升修养还不够，还要让社会了解到你的修养水平，人不是孤立地生活，必须时刻与社会融合，这样才是真正的学问。不能仅仅注重自己的"元"，还要注重自己与社会之间的"亨"。"乐道"，是可以表现出来的，让人觉得你虽然穷困，却仍然在追求道，没有什么负面情绪，令人放心。这既有利于社会稳定，也不会令人觉得不安，对自己对社会都有好处。有一位朋友从印度某个地方回来后告诉我，印度那些比较贫穷的人心态是很平和的，他们看到富人的豪宅并不嫉妒，他们认为自己前世就住在那里，只是这一世换别人住而已，等到下一世还是自己去住。我们姑且不去讨论他们的观点如何，但这种心态是很让别人放心的。"好礼"，更是可以表现出来的，你虽占有较多社会资源，但很安分，守规矩，统治者知其不逾礼，大家相安无事，对自己和社会都是好的。

孔子的意思是说，你光自己做到了提升修养水平还不够，还要让社会了解到你的修养水平，人在社会上不是孤立地生活，必须时刻与社会融合在一起，这才是真正的学问。子贡只是站在自己的角度想到要做好自己，注重到了"元"的重要性，孔子提醒他还要站在整个社会的角度去考虑问题，不可忽略"亨"的意义。如果以玉石来比喻的话，一个人的品质很好，相当于一块玉，但它包裹在石头当中是难以被充分发现的，首先要"切"开，让人看到里面有玉；再通过"磋"，把石头的部分去掉，使玉的全貌展现出来；再进行"琢"，把它打造成一件玉器；最后进行"磨"，是把玉的光泽充分展现出来。切、磋、琢、磨是依次递进的关系，人也要这样做才能让社会充分了解自己。

子贡听了老师的话，恍然大悟，联想到了《诗》中的诗句。于是孔子才说，这确实是《诗》中这句话的涵义，我只是告诉你它的意思，你却已经想到了它的出处。孔子认为，子贡悟到了这个层面，说明他可以进一步去领悟《诗》中的智慧了。但孔子很

谦虚，并没有认为自己已经完全领会《诗》的精髓，现在准备把它教给子贡，而是说咱们可以一起研究《诗》了。

　　这里面有一个问题，曾子是孔子的弟子，后世译注《论语》的人都没见过孔子，但曾子却是天天在孔子跟前学习的，如果他对于《诗》中诗句理解错了，为什么孔子不纠正他？不直接把诗的意思教给他？这个问题现代人比较不容易理解，因为我们所接触的教育模式与孔子的大不相同。我们所接受的教育，基本模式是直接传授，老师把自己的观点讲给学生听，发现学生有错误的地方就会加以纠正。我们习惯于各种问题都有标准答案，这个答案就揣在老师的口袋里，学生学习的目标就是要获得标准答案。但孔子的主要教育方式是启发，他把诗读给学生听之后，不一定会进一步讲解，至少不会每一首都详细讲解，而是让弟子们自己去体会和领悟。他对于自己的儿子孔鲤的教育即是如此，只告诉他要学《诗》，但是让孔鲤自己去学，而不是把自己编订后的《诗》一篇篇讲给儿子听。而且孔子并不认为自己的理解就是标准答案，他也经常受到学生们的启发，完全尊重大家对于同一首诗出现不同理解的情况。因此，曾子对这两句诗停留在自己的理解程度上也是完全正常的。综上，《论语》中这一章意在讲述人与社会连通的重要性，除了自我提升之外，学的另一方面效果就是可以使人很好地融入社会。

第十六章讲在人与社会的关系中，了解社会比被社会了解更重要。

【原文】

子曰：不患人之不已知，患不知人也。

【试译】

孔子说：不要担心别人不了解你，需要担心的是你不了解别人。

每个人都希望社会能够了解自己，但有的人很努力，可是总不被社会认可，那又该怎么办呢？对于这个问题，《论语》告诉我们真正的问题是我们不了解别人，不了解如何与人相处，如何融入社会。"亨"是双向的，一个人有学问并不会一下子就被社会所接受，要通过有效的方法让社会了解。如果社会还没有认可你，不是社会的问题，是你的问题，因为你不懂得让社会了解你的方法。以汉代贾谊为例，他学问很好，名气也大，因此受到汉文帝重用，但他对社会现状分析不足，一上来就改革，触动了那些开国元老的利益，文帝不得已将其罢免。文帝再与贾谊相见时，并未咨以天下之事，而是问鬼神之事，令后世唏嘘不已。汉文帝是道家入世人物的典范，之所以不用贾谊是因为他看到贾谊还是原来的贾谊，他的理想和动机虽然是好的，但其理念并不适于当时的社会情况。唐代诗人王勃叹"屈贾谊于长沙，非无圣

主", 那是他只看到了贾谊的优秀, 却没看到贾谊的问题。贾谊才学一等, 能力很强, 但缺乏"不用之用"的智慧。贾谊到长沙吊屈原, 其实两个人存在同样的问题, 只知道做好自己, 但融入社会的智慧却明显不够。屈原慨叹"举世皆浊我独清", 这就是把自己与社会对立起来。生活在世间, 怎可不融入世间? 不患人之不知你清, 患不知如何将自己用于世间矣。

第十四章到第十六章分别在讲学对于自身要达到怎样的状态、对外要达到怎样的效果及内外成果之间的关系, 三章指向同一个主题——学的目标。本篇开头两章所讲的是"学"对于个人与社会分别有什么意义, 结尾时三章讲的是"学"对于自我提升和与社会融合能达到怎样的效果, 与开篇的两个问题完美呼应。

《为政》篇图解

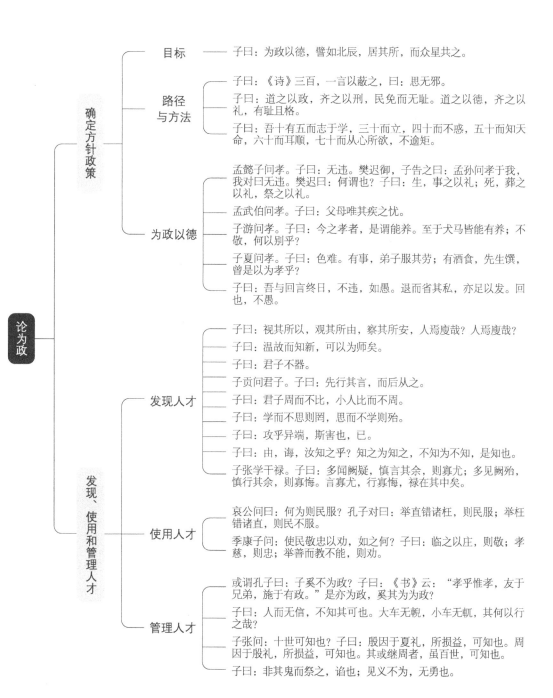

论为政

确定方针政策
- 目标 —— 子曰：为政以德，譬如北辰，居其所，而众星共之。
- 路径与方法
  - 子曰：《诗》三百，一言以蔽之，曰：思无邪。
  - 子曰：道之以政，齐之以刑，民免而无耻。道之以德，齐之以礼，有耻且格。
  - 子曰：吾十有五而志于学，三十而立，四十而不惑，五十而知天命，六十而耳顺，七十而从心所欲，不逾矩。
- 为政以德
  - 孟懿子问孝。子曰：无违。樊迟御，子告之曰：孟孙问孝于我，我对曰无违。樊迟曰：何谓也？子曰：生，事之以礼；死，葬之以礼，祭之以礼。
  - 孟武伯问孝。子曰：父母唯其疾之忧。
  - 子游问孝。子曰：今之孝者，是谓能养。至于犬马皆能有养；不敬，何以别乎？
  - 子夏问孝。子曰：色难。有事，弟子服其劳；有酒食，先生馔，曾是以为孝乎？
  - 子曰：吾与回言终日，不违，如愚。退而省其私，亦足以发。回也，不愚。

发现、使用和管理人才
- 发现人才
  - 子曰：视其所以，观其所由，察其所安，人焉廋哉？人焉廋哉？
  - 子曰：温故而知新，可以为师矣。
  - 子曰：君子不器。
  - 子贡问君子。子曰：先行其言，而后从之。
  - 子曰：君子周而不比，小人比而不周。
  - 子曰：学而不思则罔，思而不学则殆。
  - 子曰：攻乎异端，斯害也，已。
  - 子曰：由，诲，汝知之乎？知之为知之，不知为不知，是知也。
  - 子张学干禄。子曰：多闻阙疑，慎言其余，则寡尤；多见阙殆，慎行其余，则寡悔。言寡尤，行寡悔，禄在其中矣。
- 使用人才
  - 哀公问曰：何为则民服？孔子对曰：举直错诸枉，则民服；举枉错诸直，则民不服。
  - 季康子问：使民敬忠以劝，如之何？子曰：临之以庄，则敬；孝慈，则忠；举善而教不能，则劝。
- 管理人才
  - 或谓孔子曰：子奚不为政？子曰：《书》云："孝乎惟孝，友于兄弟，施于有政。"是亦为政，奚其为为政？
  - 子曰：人而无信，不知其可也。大车无輗，小车无軏，其何以行之哉？
  - 子张问：十世可知也？子曰：殷因于夏礼，所损益，可知也。周因于殷礼，所损益，可知也。其或继周者，虽百世，可知也。
  - 子曰：非其鬼而祭之，谄也；见义不为，无勇也。

为政第二

　　《为政》篇所讲述的内容是为社会做事，与《学而》篇一起构成了"内学外用"的框架体系。"内学"讲如何获得做人做事的智慧，"外用"讲这些智慧如何运用，这两篇一起构成了整部《论语》的基础。智慧之于天下，核心在于政权。"为政"并不是"政治"，而是治理国家的方法，是操作层面的内容。本篇讲为政的内容，分为两大部分，具体来说就是确定方针政策，发现、使用和管理人才。

确定方针政策

（一）为政的目标

　　第一章在讲为政的最高目标。

【原文】

　　子曰：为政以德，譬如北辰，居其所，而众星共之。

【试译】

孔子说：用仁德来治理天下，像北极星一样，处在自己应当处于的位置，其他星星自然而然地跟从。

为政的最高境界是"无为之治"，在这一点上，儒家与道家的理念其实是一样的。后世普遍认为"无为而治"是道家的思想，其实孔子也有同样的主张。例如在后文《卫灵公》篇：

子曰：无为而治者其舜也与！夫何为哉？恭己正南面而已矣。

这句话与本章的观点是完全一致的，两者置于不同篇章只是基于行文的需要。孔子与老子是同时代的人，他们那个时代并没有儒、道之分，大家都在做学问，都在追求真理，所以在学问上有很多相通之处，《论语》中的很多观念与《老子》都是相同的。

"无为之治"内涵很丰富，"无为"可以是一种管理的方法，也可以是一种管理的境界。作为方法，它指的是以"无为"的方式去实现想要达到的效果；作为一种境界，它指的是管理者不用自己去积极主动地监管，而被管理者就能够把该做的事情做好。而要想达到这一境界，最关键的是领导者的品德。

《为政》篇把这一章放在开头，点明了本篇的要旨，明确了本篇的主题思想。

（二）路径与方法

第二章到第四章在讲实现前述目标的路径和方法。

第二章讲想做到这一点，要抓住问题的关键。

【原文】

子曰：《诗》三百，一言以蔽之，曰：思无邪。

【试译】

孔子说：《诗》三百篇，只用一句话就可以概括它们，那就是思想质朴。

"无为之治"虽好，但是有可能实现吗？是有可能的，这个道理和文化是一样的。此处讲《诗》，是借它提出一个道理，即抓住问题的关键即可解决问题。春秋时期流传的诗歌成千上万，经过筛选后只保留了三百余篇，但是得到了大家的认可，为什么？因为筛选时秉持了一个原则——思无邪。只保留美好的东西，自然能够得到大家的认可。想做成一件事，关键在于抓住问题的核心，为政也是如此，只要抓住了核心问题，就不难实现"无为之治"。

第三章在讲为政有不同的方法，不同的方法有不同的效果。

【原文】

子曰：道之以政，齐之以刑，民免而无耻。道之以德，齐之以礼，有耻且格。

【试译】

孔子说：用政令引导人们，用法律规范人们，民众会竭力避免犯法，但会失去羞耻之心。用仁德引导人们，用礼规范人们，民众不仅有羞耻之心，而且会找到自己恰当的位置。

就为政一事来说，重点在于采用什么样的理念和方法。治理国家既有政治与法律的方法，也有道德与礼教的方法，但二者是有差异的。通常来说，治国者更愿意采用政治与法律的方法，这种方法可操作性强，可以清晰地把统治者的要求告诉老百姓，能有效地约束和引导民众的行为，从而使社会秩序得到维护；而采用道德与礼教的方法则相对比较复杂，这些内容本就有模糊之处，不便操作，而且想让老百姓领会统治者的意图也很难。但是，从施行效果来看，两者存在着很大的差别。"道"同"导"，是引导的意思。"格"在此处系名词用作动词，即把（事物）放进格子里。人把自己放进格子里，意思是找到自己恰当的位置。就这两种为政方法而言，"道之以德，齐之以礼"比"道之以政，齐之以刑"的层次更高，所以最理想的为政方法就是用道德与礼教治理国家，这也是无为之治的重要内容。

虽然"道之以德，齐之以礼"的国家治理方法好，但也并不绝对，如《学而》篇中所讲的，任何方法在使用前首先要知道能不能用、该不该用。不同的为政方法会产生不同的效果，而为政应当采用什么样的方法却不能脱离社会实际，要结合现实情况来定。"道之以德，齐之以礼"虽比"道之以政，齐之以刑"的层次更高，但并不是说对于任何一个社会来讲都一开始就要"道之以德，齐之以礼"。如同企业管理一样，新组建时，必须要定下一些规矩，确保企业正常运转，在企业进入正轨之后，再通过文化建设等方式，激发员工的积极性。任何管理方法都不是绝对好，也不是绝对不好，关键在于如何运用。

第四章以孔子的成长历程来比喻社会的发展，意在阐明为政以德虽好，但要循序渐进。

【原文】

子曰：吾十有五而志于学，三十而立，四十而不惑，五十而知天命，六十而耳顺，七十而从心所欲，不逾矩。

【试译】

孔子说：我十五岁开始立志求学，三十岁初有建树，四十岁理解了人生的道理，五十岁悟得天人合一，六十岁不会再听到刺耳之言，七十岁达到了心里想要什么就有什么的境界，但不会逾

越界线。

"道之以德，齐之以礼"的境界虽高，但是非常难以达到，更不可能一蹴而就，就孔子所处社会而言，想实现这一目标难度是很大的，还要走很长的路。国家的发展跟人的成长是一样的，要想实现最终的目标，就要脚踏实地，一步一步、循序渐进地向前发展。"三十而立"是说到了三十岁的时候已经能够自立，有所担当；"四十不惑"是说到了四十岁的时候已经不再迷惑，对天下的事都已经能够理解；"五十而知天命"是说到了五十岁的时候已经知道上天所安排的命数；"六十而耳顺"是说到了六十岁的时候在社会中与人和谐相处，所听到的都是顺耳之言；"七十而从心所欲"是说到了七十岁的时候已经达到了"为所欲为"的境界。《论语》当中包含有一些形而上的内容，其中《子罕》篇所讲的就是中国传统文化当中的"天人合一"理论。此处"知天命"是领悟"天人合一"的第一步，开始知道天命是什么。"知天命"的目的是"行人道"，即在现实生活该怎么做。"耳顺"就是在"知天命"的基础上进一步领悟到该如何与人相处、与社会相处。"耳顺"其实是一种和谐的境界，知道说话做事如何能够为对方理解和接受，为整个社会所理解和接受，自然就不会再受到别人诘责，所听到的都是顺耳之言。"耳顺"是"天人合一"的第二个阶段，而"从心所欲"则是"天人合一"的最高境界。这种境界相当于现代哲学中"自由王国"的境界，孔子七十多岁的时候达到了这样的境界，但已经不会有"逾矩"之举。可能有人会说，追求"从心所欲"的境界就是要想干什么就干什么，"不逾矩"本身就是一种限制，受到这样的限制，那也算不得真正的"从心所欲"。有这样的想法是因为我们还没有达到孔子的境界，没有领悟到这当中的智慧。

此处引用孔子对自己的介绍，并非为了介绍孔子本身，而是讲循序渐进的道理，用以比喻社会的发展历程，同时也在讲述达到理想境界的困难。境界的提升是渐进的，任何一种境界都要经过一段时间的磨炼才能达到，越高的境界所要付出的努力越多。"三十"所能达到的境界是"立"，"四十"所能达到的境界是"不惑"，"从心所欲"可以作为人生的目标，但不是三十岁、四十岁就可以实现的。人在不同阶段处于不同的境界，社会的发展也是一样，在不同的发展阶段要采用不同的为政理念与方法，并非只有哪一种理念或方法才是对的。为政"无为之治"与为人"从心所欲"是同样的道理，虽然可以实现，但不是一下子就能实现的，以孔子的学问也要到了七十岁才达到"从心所欲"的境界，那么对于国家来说，要想达到"无为之治"自然也需要漫长的发展过程。

本篇第一章提出了为政的最高目标之后，第二章至第四章依次在讲这种近似于理想化的目标是有可能实现的，但这一目标并非社会治理的唯一选择，想达到这一目标要循序渐进。

（三）为政以德

　　第五章到第九章表面上在讲孝，实际上是在具体阐述什么是为政以德。既然要讲为政以德，直接讲不就好了吗，为什么要讲孝呢？因为这里面涉及一个问题：德是什么。想讲清楚什么是德是很难的，《老子》用了五千言来讲道与德，但人们看完了仍然很难理解，而此处只是《论语》一篇当中的一个部分，更是没有办法讲清什么是德，于是就采用替代的方法，用孝来代替德。前文中讲到对社会治理来说，孝悌是根本，因此为政以德应当从孝入手，或者说只要我们实现了孝，也就抓住了为政以德的关键。那么，怎样才算是孝呢？

　　第五章在讲孝是内外两方面的统一。

【原文】

　　孟懿子问孝。子曰：无违。樊迟御，子告之曰：孟孙问孝于我，我对曰无违。樊迟曰：何谓也？子曰：生，事之以礼；死，葬之以礼，祭之以礼。

【试译】

　　孟懿子请教什么是孝。孔子说：不离不弃。樊迟驾车时，孔子告诉他说：孟懿子问我什么是孝，我正式回答说"无违"。樊迟问道：您的意思是什么？孔子说：父母健在时，侍奉父母要符合礼数；父母去世后，按照礼数安葬，按照礼数祭拜。

　　孟懿子是鲁国的大夫，他父亲临终前让他多跟孔子学习，他对孔子非常敬重。樊迟名须，字子迟，为孔子驾车，在做学问方面是孔子弟子中悟性较弱的一位。关于"无违"一语，过去人们通常解释为"不要违背"，至于不违背什么又没有解释清楚，似乎挺玄虚。由于下文中提到了礼，于是采取添字作解的方式，变成了"不要违背（礼节）"，相当于加了个"礼"字。但这种解释东汉时期的王充就已经提出质疑，为什么只说"无违"，而不说"无违礼"呢，难道不怕理解为"无违志"吗？而且此处还涉及一个逻辑方面的问题，如果孝是"无违礼"，那就表明先有礼后有孝，难道在礼产生之前就没有孝了吗？这一观点恐难成立。另外还有一点不容忽视，此处孔子讲述自己回答孟懿子问题的时候使用了"对曰"，这在《论语》中代表非常正式的回答，通常对于国君的问话才使用"对曰"，弟子们的提问通常仅使用"曰"，因此孔子对于孟懿子的解答是正式的。而作为正式的回答，孔子的意思应当是完整的，不应该存在尚未解释清楚的情况。有人认为此处孔子自己觉得没有给孟懿子解答清楚，所以想通过樊迟再把自己的意思传达得更完整一些，似乎是有些想当然了。

　　"违"字有离开的意思，此处可解释为背离、离弃，"无违"即不离不弃。子女对父母不离不弃就是孝，这当中既有对外在行为表现的要求，即子女不能将父母弃之不管，也包含了内心

的态度，即心里要有父母，发自内心地与父母相依相守。人们看到后半部分告诉樊迟"生，事之以礼；死，葬之以礼，祭之以礼"，就认为这是对前面"无违"的解释，其实是没有理解孔子的用意。孔子因材施教，对不同的人给出的答案是不同的。樊迟在孔子的弟子中资质不是太高，所以，孔子给樊迟的讲解并不等同于给别人的讲解。孟懿子问孝时，他的父亲已经去世，孔子回答"无违"，告诉他对父母要不离不弃，意思是你的心中要有，孟懿子一听就懂了，所以不再追问。但樊迟听到此语后却不懂，孔子知道他的悟性不够，于是告诉他，你依礼而行就可以了，至于为什么你自己慢慢去领会。

第六章讲孝的关键在于内心。

【原文】

孟武伯问孝。子曰：父母唯其疾之忧。

【试译】

孟武伯请教什么是孝。孔子说：子女生病的时候，父母是何等担忧。

孟武伯是上文中孟懿子的儿子，父子都向孔子请教这个问题，但应当是在不同的时间。孔子的意思是，父母在心里常常把子女看得比自己还重，尤其是在子女生病的时候，这种心情很难用言语来描述，为人父母者自能体会，子女对待父母也要达到同样的程度才真正可以算得上孝。

第七章在讲孝的外在表现要敬。

【原文】

子游问孝。子曰：今之孝者，是谓能养。至于犬马皆能有养；不敬，何以别乎？

【试译】

子游请教什么是孝。孔子说：现在人们一谈到孝，主要看对父母是否供养。人们也供养犬马，如果态度不敬，父母与犬马有什么区别呢？

子游姓言名偃，是孔子的弟子。生活中很多人考察子女的孝常常只是停留在赡养父母的层面，也就是《论语》中所谓"能养"，但这其实是不够的。在孝的问题上既有主观标准，也有客观标准，子女发自内心地去爱父母是孝的本质，但这一点在客观上是难以判断的。对于社会来说，甚至对于父母本身来说，外在的表现也是非常重要的，因此孝的客观标准也不可或缺，那就是敬。其实敬是一种态度，本身既包含了内在的态度，也包含了

外在的态度。前面已经讲过了"父母唯其疾之忧"这样的内心态度，此处着重讲外在的表现。

第八章讲孝并不只是服侍父母、态度恭敬那么简单。

【原文】

子夏问孝。子曰：色难。有事，弟子服其劳；有酒食，先生馔，曾是以为孝乎？

【试译】

子夏请教什么是孝。孔子说：以外在行为表现来判断是很难的。我有事要做时，弟子替我代劳，有酒食的时候，先请我享用，你们以为这就是孝了吗？

关于这句话的理解，前人一般认为，孔子说，有事的时候弟子帮我做了，有酒食的时候也先请我享用，但这还不够，弟子的态度还要保持恭敬。这样解释有两个问题，一是不太符合生活实际，晚辈对于长辈该做的事都做，但不注意态度，脸色不好，这种情况在生活中较为少见，即使晚辈心里很不高兴通常也不会表露出来；二是与上文重复，上一章已经讲了恭敬的重要性，此处再讲一遍就重复了，完全没有必要，而且从文字内容来看，这一章本身并不包含关于态度要求的内容。

理解这句话关键还在"色"字上面，此处的"色"前人通常解释为容色、表情，一是"承望父母之颜色"，"体会父母之意"，二是子女"和颜悦色"。虽然都可以解释得通，但在逻辑上与本章后面的内容联系都不够紧密。因为孔子接下来的话所采用的是发问的方式，提醒子夏那些看似属于孝的表现不一定就是孝。"色"字的意思除了女色、颜色之外还有一种解释，即有形之物，如"形形色色""色即是空"，此处的"色"字作此解释似乎更合理，指的是可以看得到的外在行为表现，因为后文中所举的例子就是所谓孝的外在表现。

这一章中孔子讲话的对象是子夏，是传承学问之人。孔子为他的解答与前面几位是不同的，他并没有正面回答什么是孝，而只是提出疑问，启发他进行思考。服侍老师、尊敬老师这些通常被认为是孝的表现，孔子没有说那就是孝，但也没有说那不是孝，因为这些表现到底算不算孝不可一概而论。如果老师想要的就是这些，那么这些表现就可以算孝，但如果老师想要的不是这些，那就不算。

对于孔子而言，他教学生的目的不是为了前呼后拥讲排场，也不是为了有人端茶倒水侍奉，他对于子夏的期望是把学问传承下去，不要让文化断了根。孔子所想表达的意思是你真正学得做人做事的道理，把学问发扬光大，这才是我想要的，这比弟子的服侍更为重要。简言之，实现了老师的心愿才是真正的孝。但后面的话孔子并未讲出来，而是留给子夏自己去思考。老师对弟子

最大的期望是成才，父母对于子女常常也是如此，有的希望子女成为对社会有用的人，有的希望子女成家立业，子女做到这些父母才会真的高兴，否则光是鞍前马后地侍奉父母并不一定能让他们高兴。

孔子对子夏的启发到这里就结束了，他只告诉子夏什么东西并不是真正的孝，并没有展开进一步讲解，但《论语》对读者的启发却没有结束，在下一章孔子通过对颜回的评价，进一步阐明了观点。这一章与下一章是紧密相连的，采用的是先破后立的手法，前一章提出质疑，后一章加以阐述，逻辑关系很清晰。

第九章在讲最大的孝就是达成父母的期望。像颜回一样，学问超过了老师，这才是真正的孝。

【原文】

子曰：吾与回言终日，不违，如愚。退而省其私，亦足以发。回也，不愚。

【试译】

孔子说：我有时与颜回整天讨论学问，他从不反驳我，好像没什么见解。我事后反思，想到他给我留情面的地方，对我也很有启发。颜回啊，不是愚钝之人。

颜回字子渊，是孔子最得意的学生。前人对于这一章一般译为：孔子说，我有时和颜回讲学一整天，他从不提反对意见和疑问，好像什么也不懂的样子。等他退回去自己研究，做人做事都会检讨自己，不仅懂了我的意思，还能进一步发挥，可见颜回并不笨。如果按照这样的解释，那孔子就太自负了。似乎他的意思是：我是老师，什么都会，什么都对，弟子即使如颜回一样贤良，和我也有很大的差距，他从我这里学到了东西之后，回去再深入反省、揣摩，就会有收获。事实上，孔夫子为人"温、良、恭、俭、让"，怎么可能这么自负呢？

对这段话的理解关键在于对"退而省其私"一句的理解上，是谁"退"？谁"省"？"其私"又是谁的"私"？解决了这三个问题，整句话就很好理解了。如果"退"是颜回的"退"，"省"是颜回的"省"，"其私"也是颜回的"私"，那就会得出前面的解释。对这句话这样解释，原因在于把孔子视为圣人，视作做人做事的最高标准，无以复加，那自然孔子是既不需要反省，也不需要启发的，"退"也好，"省"也好，"发"也好，都是颜回的事。事实上，孔子被称为圣人是后世的事，其生前虽然有较大的社会影响，但却也四处碰壁。所以当时孔子在就此事评价颜回时，一定会本着一种谦虚、低调的态度，哪会把自己直接摆到圣贤的高度上？

其实，这段话中"退而省其私"的是孔子，而不是颜回。讨论结束后，两人分开，孔子回去后也会自省，并非只有学生下课后要反复揣摩领会，孔子本身也是学而不厌之人，从弟子身上能学到很多东西。此处的"私"字指的是颜回出于对老师的尊重，对老师讲得不对的地方没有不留情面地指出来，如《邹忌讽齐王纳谏》中"吾妻之美我者，私我也"中的"私"字。两人讨论时，孔子讲的话并非都是真理，其中有不当之处，颜回能够发现，但为了给老师留情面，并没有直接指出。以颜回的修为，他不会讲"吾爱吾师，吾更爱真理"这样的话，但他会以适当的方式提醒老师。而孔子当时并没有发觉，这说明颜回尺度拿捏得特别好，孔子当时没听出来，事后回想才明白，原来当时颜回讲了一句看似无关紧要的话其实是在提醒自己，因此受到启发。能够做到这种程度的当然不是愚钝之人。颜回在学识上已经达到了老师的水平，甚至已经超过了老师，而在做事时更是能够采用非常得体的方式，既顾全了老师的感受，又恰当地表达了自己的意见。弟子有这样的学问才是老师最大的欣慰，这才是最大的孝。

曾子在《孝经》中开篇就引用了孔子的话：身体发肤，受之父母，不敢毁伤，孝之始也；立身行道，扬名于后世，以显父母，孝之终也。此处用了五章来解释什么是孝，分别为对父母要不离不弃，内心要真诚，外在态度要敬，但这些还不够，遵从长辈意愿、达成长辈期望才是最大的孝。这部分从篇幅上讲比《孝经》要短得多，但二者的基本理念是一样的。那么为什么这里只讲了孝就不讲其他的了呢？按前文所讲，人从孝开始，要学的东西有很多，还包括悌、谨、信、忠、仁等，这些方面不需要讲了吗？其实作者已经把这些方面的内容涵盖在孝的问题当中。此处有类推之意，把孝的问题讲清楚之后，其他那些方面的东西都参照孝的内容去理解就行了，如对于兄弟之间的"悌"也可以同样去理解。《论语》此处只讲了孝这一个方面的问题，既是讲了为政的切入点，同时也把其他方面都涵盖了，故此不需要再逐一去展开讲了。

另外，如果换一个角度，把孝看成是德的范例，这一部分也可以这样理解：为政以德如为人以孝，内心要信奉德的宗旨，行为上要合乎德的标准，按照老百姓的要求去做事，达到百姓的期望。

发现、使用和管理人才

在为政的问题上，确定了方针政策之后，就是人才问题，接下来的十五章就是围绕着如何发现、使用和管理人才这一主题展开的。

（一）发现人才

第十章讲判断人才要看其行为表现。

【原文】

子曰：视其所以，观其所由，察其所安，人焉廋哉？人焉廋哉？

【试译】

孔子说：察看他做事的动机，看他做事的路径和方法，看他止于什么样的状态，他的品行还往哪里藏呢？这样用人，他又怎么会躲藏呢？

本篇在谈到考察人才时共提到了八个方面，但没有提及口才，与前文中"巧言令色鲜矣仁"的理念保持一致。而在考察人才的问题上首先强调的就是，对于一个人是不是人才，不要听他怎么说，而要看他怎么做。就像有的人虽为官却总说当官不好，自己不想当官，做官如何辛苦，但你真让他辞职他就不肯了。真正想看透一个人，就要看他的行为，而不能光听他怎么说。此处出现两个"人焉廋哉"，过去人们认为其系重复使用，意思相同，只是语气在加重。笔者认为两者意义可能是不同的，从写作的角度来说，这句话并没有重复强调或加重语气的必要，用一句完全足以表达其意思了，何必重复呢？同文不同义，这可能是《论语》特有的修辞方法。因为当时的书写方式主要是刻在竹简或木板上，非常不容易，因此应当不会轻易重复，一旦出现重复可能是有不同的意思。"廋"是逃避、隐藏的意思，第一个分句是此人的品行已经一览无余的意思。而在第二个分句当中，应该是说，按照这样的方式来发现人才，人才也是不会逃避的，意即正确的选人方法本身就会得到人才的认可，并可因此吸引人才，这不仅是考察人才的方法，也是招揽人才的做法。这一章其实是下面八章的总纲，因为人才所有的方面都要通过其表现来考察，表现不出来的是没法考察的。下面的八章只是讲了具体的方面，但考察方法其实就在本章当中。

第十一章讲判断人才要看其悟性。

【原文】

子曰：温故而知新，可以为师矣。

【试译】

孔子说：温习已知的东西，从中领悟新的东西，可以当作给自己找到了老师。

这一章用在这里是在表明人才应当具有创新的能力，因为社会情况是千变万化的，墨守成规之人难堪大用。但创新也不是任意凭空地创新，而是在"温故"的基础上创新，也就是在原有成果的基础上进行创新。

第十二章讲人才要具有可塑性。

【原文】

子曰：君子不器。

【试译】

孔子说：境界较高的人不把自己固化。

"器"是东西、器皿的意思，此处是名词用作动词，即"把……变成器皿"。一个器皿的用途相对是固定的，人如果把自己变成器皿，也就是说把自己局限为一个固定的模式。人才不可拘泥，要具有较强的可塑性。管理学研究认为，人常常认为我就是我的工作，把职业当成自己的属性。医生常常认为自己只能是个医生，教师认为自己只能是个教师，这是被自己的思想给限制住了，其实他们可以从事的职业有很多，但由于被自己的思想限制，就只能生活在一个固定的环境里。这种拘泥在一定程度上有助于培养敬业精神，人如果认为自己只能干某一行，就有可能全心全意地把这一行干好，从这一点上来说是好的，但对于自己和所在单位的长远发展来说，这种拘泥则无疑是一种限制。打个比方来说，一个工人努力工作，可以成为技术人员，技术人员努力工作可以成为管理人员，管理人员努力工作可以成为高管，高管努力工作可以成为公司的总经理。在这个过程当中，人的角色是不断转换的，这就要求人能够适应不同的岗位需求。如果一个人在工人岗位上干得很好，提升为技术人员后却不能胜任，而不提升又不符合公司的激励制度，这就会让公司很为难。"彼得原理"认为：一个人迟早会被晋升到自己不胜任的岗位。这一发现的道理就是说明可塑性的重要性，如果没有较强的可塑性，在原岗位干得不错，一旦提升了反而干不好，这样的人算不上真正的人才。

第十三章讲人才要具有一定的影响力。

【原文】

子贡问君子。子曰：先行其言，而后从之。

【试译】

子贡请教什么是君子。孔子说：先做到自己的主张，然后使别人效仿他。

人才不是孤立的，必须是能够融入社会的，对社会有一定影响的。前面两章讲的都是人才自身方面的能力问题，而这一章往后则是在讲人才外在关系方面的能力问题。此处的"先"并非强调"言"与"行"的先后顺序，不是一定要先做后说，先说后做也是可以的，但应当自己先于别人去做，即我说的事我先做

到。此处重点强调的并不在于言行一致，而是通过表率引导别人跟从。引导别人要靠实干，靠自己的行动，而不是语言的煽动。一个朴实的举动常常胜过一百句华丽的语言，与其讲一百次要关爱残疾人，不如亲自去帮残疾人开一次门。一个人的能力是有限的，但如果能够影响到别人、带动别人和自己一起去做，那效果就完全不一样了。要注意的是，孔子说这句话的对象是子贡，他能力水平很高，财力雄厚，社会影响力较大，故孔子提醒他要注意以行动来感召人。而对于其他人来说，通常不具有子贡这样的条件，所以是不能随便用这一标准来要求的。

第十四章讲人才要处事公正。

【原文】

子曰：君子周而不比，小人比而不周。

【试译】

孔子说：君子对所有人都真诚友好，不区分远近亲疏；普通人区分远近亲疏，不能公平对待所有人。

每个人都是社会关系的集合体，受到各种社会因素的影响，想做到处事公正是很难的。人们做事时常常口头上说"对事不对人"，但实际上往往是"对人不对事"。想做到公正是很难的，像宋代的王安石与司马光，都很有学问，但两人政见不同，王安石变法失败后，司马光将王安石的变法举措一概废除，不管有没有价值都不保留，以至于连他的同盟者苏轼都觉得难以接受。这样的大学问家尚且如此，何况我们普通人。中国古代讲究"法平如水"，西方正义女神的双眼是蒙着的，其实都是"周而不比"的意思，要对所有人都一样。

第十五章讲人才要善于学习。

【原文】

子曰：学而不思则罔，思而不学则殆。

【试译】

孔子说：只学而不深入思考将没有收获，只思考而不去学会有危险。

人才要习惯于思考，学与思有机结合。学习不是简单地对老师进行模仿与跟随，要领会内在的东西才算有收获。中国人历来都讲"见与师齐，减师半德；见过于师，方堪传授"，就是"学而不思则罔"的意思。无论是跟老师学，还是跟书本学，光把别人的东西学会意义是不大的，因为别人的东西是别人的，成不了你的。学的目的是打开内心思想的宝库，要在学的基础上进行深

入思考才能有所得，这些才是你自己的东西。老师也好，书本也罢，都只是打开你思想宝库的钥匙。但是，如果只注重思考而忽略学更危险，因为现实的情况太复杂了，不是可以凭主观想象代替的。后文说"生而知之者上也，学而知之者次也"，孔子承认有人是可以生而知之的，但这种人毕竟是极少数的，对于大多数人来说还是要以学为基础。而且孔子也没有说"思而不学"绝对不行，只是说那很危险。

第十六章讲人才做事要懂得把握尺度。

【原文】

子曰：攻乎异端，斯害也，已。

【试译】

孔子说：过分追求极致，这是有害的，停下吧。

"异端"就是另一端的意思，也就是极致的意思。前人对于这一章的句读为"攻乎异端，斯害也已"，但这一句读可能有误。因为"斯害也已"直译应为"这种害处也就会停止了"，如果这样来理解的话，那表明前一句中"攻乎异端"是有益的做法，凡事只要做到极致就可以结束它的害处，这恐怕不符合生活经验。任何事情都不是绝对的，孔子此言是讲无论什么事情都要有个限度，不应追求极致，否则就会适得其反。如《易经》中讲"亢龙有悔"，"亢龙"指的就是龙飞到了极点，而凡事到了极点都是不好的，所以"有悔"，会后悔。人无论学什么、做什么，都是从一端开始，向另一端发展的，这是对的，但要有度，不可太过，如果非要达到另一端，那还不如不开始。以权谋为例，人如果一点儿权谋都不懂，那在社会上就很容易吃亏，难以立足；但如果过分注重权谋，就会成为阴谋家，最终没有人敢相信你，同样会失败。此处引用孔子的话，是说在考察人才时，要看其做人做事对于度的把握，如果过分追求事物的极致，那么问题也就随之而来了，是不行的。"攻"仅指追求而已，并非要求达到。如后文中引用孔子对于子张和子夏的评价时说到"过犹不及"，也是类似的道理，不用达到极端，过度就已经有问题了。

第十七章在讲人才要具有诚实的品质。

【原文】

子曰：由，诲，汝知之乎？知之为知之，不知为不知，是知也。

【试译】

孔子说：子路，关于教导之事，你知道吗？知道的说自己知道，不知道的说自己不知道，这就是智慧啊。

子路名仲由，是孔子弟子中武功很好的一位。老师教学生，现代人通常注重技艺，而孔子所重视的是智慧。当学生请教老师某个问题的时候，如果都是告诉他答案，那么教他的是知识；如果老师不知道，而他如实告诉学生自己不知道，那么所传授给学生的就是诚实的品格，这才是智慧。此处引用这一段话，旨在说明诚实对于人才的重要性。

第十八章讲做事的态度和方法。

【原文】

子张学干禄。子曰：多闻阙疑，慎言其余，则寡尤；多见阙殆，慎行其余，则寡悔。言寡尤，行寡悔，禄在其中矣。

【试译】

子张请教如何求官。孔子说：多听，对于不懂的要保留，剩下的在表达时仍要谨慎，这样就不用担心说错话；多看，对于拿不准的要保留，剩下的在实行时仍要谨慎，这样就很少会做后悔的事。少说错话，少做错事，官职就在这里面了。

"禄"指政府发的福利，此处引申为官职。"干禄"指如何获得官职，晋升官职。子张名颛孙师，是孔子弟子中学问很好的一位，但观点上容易过激。南怀瑾先生说孔子深通人情世故，这一章就是充分的体现。对于刚参加工作的人，无论是在政府部门还是公司企业，这一章都是至理名言，多听多看，少说少做，就会很容易为人所接受，否则就容易犯错。其实孔子这一主张与《学而》篇中对于"学以致用"所讲的观点是一致的，去求"干禄"就是要把自己的所学加以运用，而"用"的时候首先要做的就是"不用"，即使如子张之贤，学问很大，能力很强，也要如此，孔子教了他很多东西，但是告诉他出去之后首先不要把这些东西拿出来用，先了解别人再决定能不能用，该怎么用。后文中讲到子夏为莒父宰时，孔子也告诉他要慢慢来，"欲速则不达"，在告诉弟子"不用之用"的重要。如果不懂得"不用之用"，一旦负责一些工作就马上按自己的想法大改一通，通常是会出问题的，真正的人才是不会这样做事的。

从第十章到第十八章，本篇用了九章来讲述怎样发现人才这个问题。第十章统领后面八章，首先明确判断人才要以表现为依据，言外之意即不能只听其言辞。后面的八章讲述了人才的八个品质，其即是发现、判断人才的标准。人才要有悟性、可塑性、影响力、公正、善于学习、凡事有度、诚实，而且在也是培养人才的方向，所以到了《雍也》篇中讲到人才的问题时，与这一部分是相对应的。

（二）使用人才

前面讲了如何发现人才，人才固然重要，但如何使用人才也

是非常重要的一个问题。使用人才，首先要区分在哪一层面的使用，高层（国君）与中层（大臣）在使用人才方面的理念是不同的。

第十九章讲君主使用人才要注意引领用人方向。

【原文】

哀公问曰：何为则民服？孔子对曰：举直错诸枉，则民服；举枉错诸直，则民不服。

【试译】

鲁哀公问孔子说：怎样做百姓才会信服？孔子正式回答说：提拔使用正直的人，把心术不正、走歪门邪道的人打压下去，百姓就会信服；提拔使用不正直的人，把正直的人放在一边，百姓就不会信服。

《史记》中对此的记载为："鲁哀公问政。对曰：政在用臣。季康子问政，曰：举直错诸枉，则枉者直。"《中庸》中也有这方面的内容。《论语》对此的编排与《史记》和《中庸》都有不同。对于当政者来说，使用人才的核心在于引导社会的价值取向。此处首先明确国君的用人方针，引用的是孔子与鲁哀公的对话。鲁哀公是一国之君，孔子告诉他，君王要把握宏观的问题，用人时要重点看人的品质，而不是哪一个人，因为君王对于人品的倡导最终所影响的是整个社会的风气，这才是君王重点应该做的。

此处为什么没有提及能力呢？难道用人不该重视他的能力吗？当然不是。事实上，今天我们在用人时，通常要考察德、能、勤、绩、廉等方面，这些因素在古时候同样也是考察人才的内容。但这些内容，在前面已经讲过了，发现人才时首先讲到"视其所以，观其所由，察其所安"时就都已经包括了，此处就不再面面俱到。这里讲到了"直"，"直"是"德"的内容之一，这一章是在进一步解释本篇第一章"为政以德"的内容，君王为政重在引导社会风气，具体该怎么做，此处明确其做法——"举直错诸枉"。此处仅仅强调了君王用人的一点，这也同时在诠释《为政》篇中的内容，即只要抓住问题的关键，就可以做到"为政以德"。"为政以德"，不只是君王自己的"德"，还包括整个社会的"德"，抓住这个核心就可以引导整个社会风气，所以"为政以德"并不难，也不复杂，"举直错诸枉"就像前文的"思无邪"一样，是整个问题的关键。

第二十章讲作为大臣使用人才时重在以身作则。

【原文】

季康子问：使民敬忠以劝，如之何？子曰：临之以庄，则敬；孝慈，则忠；举善而教不能，则劝。

【试译】

季康子问道：通过引导使百姓敬事忠诚，怎样才能做到？孔子说：在与民众接触时自己庄重，百姓就会敬事；自己孝慈，百姓就会忠诚；倡导善并且教授百姓不会的东西，百姓自然会受到引导。

大臣也面临人才使用的问题，但其角度与君主不同，因为大臣相当于君主政策的执行者。对于执行者来说，使用人才时关键在于自身的引导。在孔子的时代，鲁国国君的权力旁落，国政掌控在孟孙氏、叔孙氏、季孙氏三家手中，季康子即属季孙氏。孔子虽然是国君的支持者，与三家保持距离，但在现状难以改变的情况下，也希望这些权臣能够把鲁国管理好，所以对于季康子的请教，他还是认真回答的。孔子的意思是，作为掌权的大臣来说，管理人才的方法是做好自己，用自己的行为来引导别人，发挥表率作用。

这两章放在一起的意思是说，在管理人才方面，国君重在引领社会价值，权臣重在做好自己。

（三）安顿人才

有才能的人具有两面性，既可以帮助治理国家，发挥正面作用，也可能成为影响社会的不稳定因素。所以，对于人才一定不能简单看待。所谓人才好，指的是人才可以为我所用的情况。如人才不能得到有效的使用，有可能变成影响社会发展的负面因素。《孙子兵法》言：不尽知用兵之害者，不能尽知用兵之利也。人才若能为我所用自然是好，但如因价值观不同、家庭等原因不能为我所用又当如何呢？在这种情况下其可能成为影响社会的消极因素，这是不能忽视的。人才如果不能为我所用，也要把他们安顿好，管理好。人才具有一定的思想，也具有较高的素质，对这些人的管理不同于普通民众，可以通过文化引导，把社会责任传递到他们身上，使他们守孝、守信、守礼、守义，这些人自然就安分了。

第二十一章讲人才若不能用，可以孝悌安之。

【原文】

或谓孔子曰：子奚不为政？子曰：《书》云："孝乎惟孝，友于兄弟，施于有政。"是亦为政，奚其为为政？

【试译】

有人对孔子说：您怎么不去为政呢？孔子说：《尚书》说，使家人孝敬父母，使兄弟间友爱，就是在施行政治。这也是为政，还要做什么才算为政呢？

为政可大可小，孝、友都是为政。人才纵然未为政府所用，但亦可以孝、友之责加于其身，使其受到约束。曾子在《大学》

中讲"修身、齐家、治国、平天下",意即为政是从"修身齐家"开始的,"齐家"也是一种社会责任。人才即使未能为君王所用,但只要承担起"齐家"之责,就自然而然地融入社会管理之中。要知道,中国古代的"家"不同于现代的小家庭,常常是几十口、上百口人的大家庭。想做到"齐家"是很不容易的,要花费很多精力,人才把精力都放在这个问题上,自然也就安定了。"齐家"的同时就是在维护社会统治,因为家族管理与社会管理是分不开的,在进行家族管理的同时人们不知不觉地就维护了社会的管理秩序。在人才没有机会或不愿意为君王效力的情况下,让他去管理好自己的家族,或是好好地服从家族的管理,这样社会自然就安定了。

第二十二章讲对于人才可以信安之。

【原文】

子曰:人而无信,不知其可也。大车无輗,小车无軏,其何以行之哉?

【试译】

孔子说:人如果没有信用,就不知道他可以干什么了。大车没有輗,小车没有軏,它靠什么行驶呢?

"輗"和"軏"分别是古代大车与小车上的部件，用来确保车辆可以稳定行驶，此处用来比喻无论是大人物还是小人物，都离不开信。全社会来倡导信，人才自然会受到约束。人才只要做到信，自然也就容易管理了。信的内涵很丰富，简单地说，守信就是实现自己的承诺。人的思想很复杂，可一旦具有了诚信的品质，其行为就很容易约束了，这无疑是非常有利于维护社会统治的。《论语》的逻辑一直是统一的，前文中讲过"入则孝，出则弟，谨而信，泛爱众，而亲仁"，这里也是按照这样的顺序来讲对人才的约束，从孝开始，然后依次是悌、信、仁。上一章在讲孝的时候已经提到了悌（友），相当于把孝、悌放到一起来讲，接下来就讲到用信来约束人才，下一章则是用礼来约束。要知道，礼和仁是一体的，这一点在《八佾》篇中有充分的论述。

第二十三章讲人才可以礼安之。

【原文】

子张问：十世可知也？子曰：殷因于夏礼，所损益，可知也；周因于殷礼，所损益，可知也。其或继周者，虽百世，可知也。

【试译】

子张请教说：三百年后的社会能够预知吗？孔子说：商朝的社会规则从夏朝演变而来，它所增减的，是可以知道的；周朝的

社会规则从商朝演变而来，它所增减的，也是可以知道的。将来也许会有朝代取代周朝，但即使是三千年后的社会，也是可以知道的。

礼是调整人们行为的社会规范，尽管各个朝代的礼有所不同，但礼作为一种社会规则具有一定的普遍性，其中有的内容是人无法改变的，即使有人不认可所处社会的政治规则，也可以用礼当中的普遍规则来约束他。按宋代邵康子的算法，三十年为一世，十二世为一运，三十运为一会，十二会为一元。"十世"也就是三百年，指很长的时间。有的人才可能不认可统治者，但没有关系，只要他还遵守礼的规范，受到社会力量的约束，也是不会乱来的。礼是社会力量，伦理道德对人的约束是非常益于社会管理的，宋儒"存天理，去人欲"能够达到"以理杀人"的程度，虽属"攻乎异端"的行为，超过了正常的限度，但从另一个方面也可以看出社会力量的强大，因此从社会治理的角度来说，一定要把这股力量用好。

第二十四章讲人才可以义安之。

【原文】

子曰：非其鬼而祭之，谄也；见义不为，无勇也。

【试译】

孔子说：不是自家祖先而祭奠，是谄媚；遇到该做的事而不做，缺乏勇的品格。

义就是责任，让人们知道什么是不该做的、什么是应该做的，其行为自然就容易规范了。通过教化引导，让人们有所不为、有所必为。有所不为，可以防止社会关系混乱，每个人安守自己的本分；而有所必为，会增强人的社会责任感，鼓励人们按照社会规则所倡导的方向行事。两者对于维护社会统治都很有益处。上一章表面上在讲礼，实际上是在讲仁，而义比仁略低了一个层次，主要是在讲责任，但义在社会治理当中的作用是不可忽视的。我们后世经常讲关公义薄云天，很多人拜关公，这种义的文化在几千年的社会发展当中对于维护社会稳定起到了很大的作用，义的文化能够让人主动承担起很多社会责任，不仅可以约束人才，还可以在特定的情况下让本不为所用的人才甘心效力。如伯夷、叔齐二人，放弃王位而前往西岐养老，碰到武王伐纣，叩马而谏。他们已无官职在身，只是普通平民，并不负有维护社会秩序的责任，但却自觉为了维护社会秩序而站出来，不惜身死，所以姜太公称他们为"义人"。武王是利用纣王出兵平叛、后方空虚之时起兵的，否则其实力还不足以推翻商朝，而纣王也并非后世小说中所讲的那么坏，商朝末年已经积累了很深的社会矛盾，实际情况并不像小说中讲的那么简单，武王出兵的正当性是后世所赋予的，在当

时来说是有问题的。伯夷、叔齐反对武王的行为，但也知道武王能够成功，于是躲入首阳山中以"不食周粟而死"的方式表达对武王的反对。他们做这些事，付出这么大的代价，不是为了自己，而是为了社会，且不求任何回报，由此可见义的力量多么不容忽视。

本篇结尾的四章当中，前三章本身都没有明显的"约束"之意，只是到了第四章才略有这方面的意思，这正是编者的深意。《论语》在讲帝王之术，所以才会有"半部论语治天下"的美誉。但帝王之术的定位就注定其不能讲得太过直白，要把真实意思藏于文字当中，让人去悟，所以才使得此书看起来像流水账一样。前三章看起来是风马牛不相及的一些内容，先说在家也是为政，然后讲信是很重要的，接下来讲礼当中有些内容是不变的，似乎没有什么关联性，最后一章讲到了义，什么该做，什么不该做，其约束之意也不明显。但这部分必须这么写，如果写得太明显，天下的读书人会骂《论语》，认为其谄媚、功利，可能此书的流传都会受到影响，因此必须要将真实的意思表达得隐晦一些。那么，这一部分会不会让人看不懂呢？对于一般人来说确实是这样的，但是，对于君王则不会。君王对于人才的考虑一定是两方面的，既希望能够有人才为其所用，又要考虑如何防止人才跟他作对，当你告诉他什么样的人是人才、人才该如何使用的时候，他的头脑中自然会想到"如果人才不为我用该怎么办"，所以此四章看似有些散，其实是写给能看懂的人看的。

综上所述，为政不外如是：确定方针政策，使用管理人才。

《八佾》篇图解

论礼

礼的意义
- 孔子谓季氏:八佾舞于庭,是可忍也,孰不可忍也?
- 三家者以《雍》彻。子曰:"相维辟公,天子穆穆",奚取于三家之堂?

礼的涵义
- 子曰:人而不仁,如礼何? 人而不仁,如乐何?
- 林放问礼之本。子曰:大哉问! 礼,与其奢也,宁俭;丧,与其易也,宁戚。
- 子曰:夷狄之有君,不如诸夏之亡也。
- 季氏旅于泰山。子谓冉有曰:女弗能救与? 对曰:不能。子曰:呜呼! 曾谓泰山不如林放乎?
- 子曰:君子无所争,必也射乎! 揖让而升,下而饮,其争也君子。
- 子夏问曰:"巧笑倩兮,美目盼兮",素以为绚兮,何谓也? 子曰:绘事后素。曰:礼后乎? 子曰:起予者商也,始可与言《诗》已矣。
- 子曰:夏礼吾能言之,杞不足征也。殷礼吾能言之,宋不足征也。文献不足故也,足则吾能征之矣。
- 子曰:禘自既灌而往者,吾不欲观之矣。

礼的原则
- 或问禘之说。子曰:不知也。知其说者之于天下也,其如示诸斯乎! 指其掌。
- 祭如在,祭神如神在。子曰:吾不与祭,如不祭。
- 王孙贾问曰:"与其媚于奥,宁媚于灶",何谓也? 子曰:不然。获罪于天,无所祷也。
- 子曰:周监于二代,郁郁乎文哉! 吾从周。
- 子入太庙,每事问。或曰:孰谓鄹人之子知礼乎? 入太庙,每事问。子闻之,曰:是礼也。
- 子曰:射不主皮,为力不同科,古之道也。
- 子贡欲去告朔之饩羊。子曰:赐也! 尔爱其羊,我爱其礼。
- 子曰:事君尽礼,人以为谄也。
- 定公问:君使臣,臣事君,如之何? 孔子对曰:君使臣以礼,臣事君以忠。
- 子曰:《关雎》,乐而不淫,哀而不伤。

周礼衰败的原因
- 哀公问社于宰我。宰我对曰:夏后氏以松,殷人以柏,周人以栗,曰使民战栗。子闻之,曰:成事不说,遂事不谏,既往不咎。
- 子曰:管仲之器小哉! 或曰:管仲俭乎? 曰:管氏有三归,官事不摄,焉得俭? 然则管仲知礼乎? 曰:邦君树塞门,管氏亦树塞门;邦君为两君之好,有反坫,管氏亦有反坫。管氏而知礼,孰不知礼?
- 子语鲁大师乐。曰:乐其可知也。始作,翕如也,从之,纯如也,皦如也,绎如也,以成。

礼教复兴之困
- 仪封人请见,曰:君子之至于斯也,吾未尝不得见也。从者见之。出曰:二三子何患于丧乎? 天下之无道也久矣,天将以夫子为木铎。
- 子谓韶:尽美矣,又尽善也。谓武:尽美矣,未尽善也。
- 子曰:居上不宽,为礼不敬,临丧不哀,吾何以观之哉?

八佾第三

（外）（礼）

从第三篇《八佾》到第七篇《述而》相当于是《为政》篇内容的展开。《为政》篇中讲到了两个方面，分别是为政方针与人才的问题，接下来的《八佾》篇与《里仁》篇讲"外礼内仁"的为政方针，《公冶长》《雍也》《述而》三篇则是讲人才方面的问题。

《为政》篇提出了"道之以德，齐之以礼"的执政方针，那么接下来应当讲"德"与"礼"的问题，但为什么接下来变成了"外礼内仁"呢？难道孔子不讲"德"吗？当然不是，"志于道，据于德，依于仁，游于艺"是孔门学问的宗旨，"道"与"德"都是孔门学问的重点，事实上《论语》中记载孔子关于"道"与"德"的论述都有很多，如果将其加以整理再加上一些这方面的事例，想单独作为一篇完全不成问题，但为什么编纂者没这么做呢？这或许是因为其他经典对于"道"与"德"已经进行了较为专门的论述，所以《论语》的编纂就没有采用这样的角度，转而以"仁"与"礼"作为切入点。

《为政》篇提出了"为政以德"的理念与"道之以德，齐之以礼"的方法，《八佾》篇就是在讲礼的问题，讲治理天下如何

依礼进行。本篇一共讲了五个方面：礼的意义、礼的涵义、礼的原则、周礼失败的原因及礼教复兴所面临的问题。

礼的意义

第一章与第二章讲礼有什么意义。

【原文】

孔子谓季氏：八佾舞于庭，是可忍也，孰不可忍也？

【试译】

孔子评论季氏：在家中演八佾之舞，这都忍心做了，还有什么是不忍心做的呢？

礼是一种社会规则，从表面上看是一种形式，但其在现实生活中具有很重要的作用。季氏即季孙氏，是鲁国的三大家族之一，当时鲁国的国政都掌握在三家手中，他们连国君都不怎么放在眼里。"佾"是八个人一排的舞蹈，"八佾"是八排一起表演，也就是有六十四个人，此舞属天子之礼。按照级别来说，诸侯家中只能表演"六佾"之舞，而季氏只是鲁国的大夫，按其级别只能在家中表演"四佾"之舞，可季氏却用了"八佾"之舞。

"是可忍也，孰不可忍也"并不是孔子表示对季氏很气愤，告诉大家不能忍受这样的行为，而是说他们连这样的事都忍心做，还有什么不忍心做的。客观地说，让人表演舞蹈属于一种消费，无论是让自己家中的婢女表演，还是请外面的人表演，都是消费行为。从消费的角度来说，多请几个人跳舞和吃饭时多做几道菜、多喝几壶酒的性质是一样的，并不是什么大事，但是有了礼的规范后，事情的性质就不同了。八佾为天子之礼，季氏施行这样的仪式就属于僭越。消费本身是私事，但从礼的角度来说，八佾这种仪式具有特定的意义，代表的是天子的地位，不遵守这一礼仪就是对天子的不敬，是对整个社会秩序的违背。表面上看，季氏只是多安排了几个人跳舞，但孔子却依此判断出其不遵守礼仪，连周天子都不放在眼里，自然更不会把鲁国国君放在眼里。

【原文】

三家者以《雍》彻。子曰："相维辟公，天子穆穆"，奚取于三家之堂？

【试译】

孟孙、叔孙、季孙三家以雍乐结束家宴。孔子说：此乐曲对应的场景是天子严肃地站在中央，各诸侯站在两边，它怎么能出现在三家大夫的堂上呢？

音乐作品是供人欣赏的，通常来说，谁喜欢什么音乐就可以演奏什么音乐，这本属于个人的事情，但是一旦与礼的制度结合起来性质就不同了。《雍》乐是天子礼仪中专用的，其他人学习演奏、自行练习是可以的，但在正式场合使用就不行了。孟孙、叔孙、季孙作为鲁国的三家权臣，竟然把天子之礼用于家宴，说明已不再尊重中央政权，自然也不尊重鲁国国君，明显有犯上之意。

作者在此处举这两个例子，其意并不在于揭露鲁国三家权臣的不臣行为，因为春秋时期犯上作乱的例子很多，这两件事本身并不严重，当时弑君篡位的比比皆是，为什么只举这两个例子呢？《论语》绝不会因为孔子对其发声就把这两个例子收录进来，作者举这两个例子是要说明礼在现实生活中的作用。礼的内涵是一种社会共识，因此，如果不遵守礼的规则，就会向社会传达出一种负面信息，无论你真实的想法是否有谋反之意，但整个社会都会认为你要谋反。而从另外一个方面来说，统治者亦可以通过是否守礼来判断一个人的内心想法。礼不是简单的个人行为问题，而是人将自己的态度传递给社会的一种方式，是否守礼成为人与社会能否和谐相处的判断标准。从这两个例子中，我们可以看出礼在社会生活中的作用，遵守礼就是维护社会秩序，不遵守礼就是在向整个社会秩序挑战，对待礼的态度代表了对待社会的态度。如果不遵守礼，作为个人发展下去可能是离经叛道；而如果一个家族或一个集团持这种态度，那就是社会动乱的根源了。

二

礼的涵义

第三章到第十章讲礼的内涵是什么。

第三章讲礼不仅仅是规则。

【原文】

子曰：人而不仁，如礼何？人而不仁，如乐何？

【试译】

孔子说：人如果没有仁的品德，要礼又有什么用呢？人如果没有仁的品德，要乐还有什么用呢？

礼是调整人们行为的社会规范，但规则只是外在表现，更重要的是内心的态度。如果内心的态度与行为表现不一致，那么行为本身是没有任何意义的。一个人有仁德之心，在行动上需要通过礼的方式表达出来，否则别人是难以知道的。乐是配合礼使用的，可以更好地烘托气氛，帮助人们表达情感。礼和乐都离不开内在的仁，仁是礼的基础，礼与仁是一体的，有了内在的仁，礼才有意义，有了外在的礼，仁才能更好地发挥它的作用。

第四章开始讨论礼的本质。礼的表现是规则，但礼的本质并不是规则。

【原文】

林放问礼之本。子曰：大哉问！礼，与其奢也，宁俭；丧，与其易也，宁戚。

【试译】

林放请教礼的本质。孔子说：这个问题太大了！对于礼，如果觉得规则过于繁琐了，可以简化；如果礼丧失了，与其更换其他，不如保持悲戚。

林放是鲁国人，此处为什么会使用他的完整姓名，而不称字，或简单地称名呢？因为这一章是为后面"季氏旅于泰山"一章作铺垫的，后面这章中孔子称呼了林放的全名，这里也这样用，便于后文的理解。孔子一生想复兴礼教，但周礼自身也存在问题，主要是过于繁琐，晏子就认为"累世不能殚其学，当年不能究其礼"，《经解》中也讲"礼之失，烦"。林放之所以有此一问，可能是因为觉得礼的规则太多、太复杂，既繁琐，又不好操作，所以希望孔子直接告诉礼的根本是什么。孔子并没有直接回答他礼之本是什么，只是告诉他，礼的规则并非其本质，你自己去体会什么是礼之本。意思是如果把规则抛开，那么剩下的自然就是礼的本质了。

在后一句中，以往的学者普遍将"丧"解释为丧礼，但从行文上来说，此处的"丧"与前文的"礼"是对应的，而丧礼只是礼当中的一种，与"礼"相对应是不恰当的。丧礼在整个礼的体系中并不是最重要的，祭天地、祭宗庙的礼更重要，此处如单独以丧礼为例并不合理。前文中"奢"与"俭"是相对的，而这一句中"易"与"戚"则不是相对的。此处的"丧"是"丧失"的意思，指的是礼之丧失。"易"是更换、变更的意思。即如果"礼"（此处指周礼）的规则已经实行不下去了，与其更换成其他国家或社会的规则，还不如保持内心的悲戚。此时悲戚是因为失去了生活中很重要的东西，这个东西是什么，当然不是规则，而是规则以外的东西，所以此时就能体会到什么是"礼"的本质。前一句讲当"礼"存在时，如何找寻礼的本质——拿掉规则，剩下的就是本质；后一句讲当"礼"丧失时，如何找寻礼的本质——忽略规则，真正想要的就是本质。

第五章紧接上文，讲不能更换的理由。

【原文】

子曰：夷狄之有君，不如诸夏之亡也。

【试译】

孔子说：那些文明程度较低的地区，也自称有文化传统，但

华夏文明即使礼的规则都丧失了，（只要礼的精神还在）也一样胜过他们。

此处的"君"并非指君主，而是指核心，这里所指代的是民族的文化主旨。这一句与前文紧密相连，前文讲礼即使丧失了，也不能随便更换社会规则，此处在陈述理由。礼仪是不能随便移植的，因为礼仪是文化的一部分，文化本身是有其社会背景与历史原因的，如果文化基础不同而随便移植别人的礼仪，可能会带来问题。比如说西方的圣诞节是用来纪念耶稣的，到了中国就变成了购物节、狂欢节，没有宗教文化基础，外在的规则是没有什么意义的。节日其实也是文化的内容之一，我们并不是说这种宗教文化不好，但它不适合我们。孔子认为我们的"礼"才是适合我们的，如果执行不下去也没有办法，但不要随便去拿别人的过来。林放之问本是下一段季氏旅于泰山的铺垫，两段本就相连，但由于本章与前文更加紧密，故置于此处。

第六章讲如果不能认清礼的本质，而只是运用礼的规则，这样的礼是没有意义的。

【原文】

季氏旅于泰山。子谓冉有曰：女弗能救与？对曰：不能。子曰：呜呼！曾谓泰山不如林放乎？

【试译】

季氏要去泰山祭祀。孔子告诉冉有说：你不能救他们吗？冉有正式答道：不能。孔子说：唉！难道说泰山神的智慧还比不上林放吗？

泰山自古为帝王封禅之地，普通百姓去爬山、游玩是没问题的，但季氏去祭祀就是大问题了，表面上他们是为民祈福，实则是想篡权，想求泰山之神的保佑。季氏的做法有多层用意，一方面在告诉人们，自己已经求得了泰山之神的保佑，想取得百姓的支持；另一方面试探各方的反应，包括鲁国国君、其他权臣、中央政府、其他诸侯以及社会公众的反应等。如果各个方面对此都没有任何反对的声音，那么他们可能就要采取进一步的行动了。孔子对此事是明确反对的，他说林放都知道礼的本质在于内心，而不是外在的行为表现，泰山之神会不知道吗？季氏以为自己去祭祀就会得到泰山之神的保佑，但其内心的真实意图是造反，泰山之神怎么会只看其仪式与行为而不看其内心呢？所以，孔子认为季氏一定不会成功的，这样去做只会害了自己，所以才问冉有说你不能救他们吗。冉有当时任季氏的主管，说话是有一定分量的，孔子希望他能阻止季氏此举，那样无论对季氏还是鲁国百姓都有好处。但是季氏主意已定，冉有无法阻止，可能也不想阻止。冉有任季氏主管期间所做的很多事都是让孔子不满意的，孔子见不能阻止，于是告诉他，你以为季氏会成功吗。不会的，他

八佾第三（外）礼

085

们不可能得到泰山之神的保佑，连林放都懂的道理泰山之神怎么会不懂呢？

第七章讲季氏之错在于争。

【原文】

子曰：君子无所争，必也射乎。揖让而升，下而饮，其争也君子。

【试译】

孔子说：君子不会与人相争，如果一定说有那就是射箭比赛。上场前相互施礼，下场后相互敬酒，这种争也以君子的方式进行。

本章承续上一章在解释为什么认为季氏不会成功，因为他们错在于以争谋国。"争"本身就不合"礼"的要求，不是君子所为，所以以争谋国当然是不行的。争的人连君子的境界都不够，自然不配得天下，不会得到神明的支持。孔子认为以让得国才是正道，舜、禹的天下都是让来的，泰伯、伯夷、叔齐均有让国的行为，虽未得国，但行为受到孔子的推崇。孔子并不反对得天下，但方式很重要，以让得国是可以的，去争就不对了。孔子自己也是一样，并非不想出来做事，但一定要"温、良、恭、俭、让"以得之，虽然孔子离开鲁国后再未得到施展政治抱负的机会，但其坚持不争的做法却没有变。孔子称赞"以天下让"的做法，但并非等于提倡不得天下的结果，其实从《论语》中也可以看出，孔子更称赞舜、禹、宁武子等人。孔子并非不主张贤人出来做事，因为贤人做事对天下百姓有利，但天下重器要以让而得，如果去争也就不是贤人了。

第八章讲礼的各项规则都是由其内涵发展而来的，内涵比规则更重要。

【原文】

子夏问曰："巧笑倩兮，美目盼兮"，素以为绚兮，何谓也？子曰：绘事后素。曰：礼后乎？子曰：起予者商也，始可与言《诗》已矣。

【试译】

子夏问道："美丽的脸庞发出迷人的微笑，漂亮的眼眸露出企盼的眼神"，本色反倒成了其中更重要的美了吗，这到底是什么意思呢？孔子说：修饰完成以后才知道本色的重要。子夏问：礼也是在规则确定后才发现本质更重要吗？孔子说：启发我的人是子夏啊，我们可以一起讨论诗了。

　　讲了这么多，"礼"到底是什么呢？它包含两层含义：一是行为方式，二是行为人的内心态度。"巧笑倩兮，美目盼兮"是《诗经·卫风·硕人》中的诗句，过去人们一直把"素以为绚兮"也当成是《诗经》中的内容，但流传后世的《诗经》中并没有这一句，便称为"佚诗"，解释为删定前的版本，这一理解恐有不妥。其实该句是子夏在发问，素即本色，绚即绚烂。子夏的意思是说，人们通常为了美会对事物进行修饰，可修饰以后发现最好的修饰居然是事物的本色，这该怎么解释呢？"巧笑"指迷人的笑，是一个动作，而"倩"指的是内在的气质；"美目"是漂亮的眼睛，而"盼"则是指眼神。"巧笑""美目"是表面上的，如同礼的规则或行为，"倩""盼"则是内涵。一位美女含情脉脉地看着你，那一定很动人，但如果是憎恨、轻蔑的眼神，那就感觉不到美了。如果只有表情，而没有内在的气质与感情，这些行为就谈不上美，亦如有好的底色才能画出绚丽的图画。所以，孔子说，好的图画完成后，才意识到底色的重要性。于是子夏讲，那"礼"是不是也一样，礼可以理解为是对于行为的一种修饰，但仅表面行为做到了是不够的，其背后的内涵也要是发自内心才可以，这才是真正的礼，或可称为礼后之礼。子夏在这一段看似在发问，其实是与老师交流自己的心得体会，表现与颜回一样，"不违如愚"，"亦足以发"，孔子正是因为受到了子夏的启发才称赞他"可与言《诗》已矣"。此处引用孔子与子夏的对话，意在说明就礼而言，内心态度比外在行为更重要。

第九章讲只要掌握了礼的内涵，规则自然可知。

【原文】

子曰：夏礼吾能言之，杞不足征也；殷礼吾能言之，宋不足征也。文献不足故也，足则吾能征之矣。

【试译】

孔子说：夏朝的礼我能讲出来，杞国虽是夏人后裔，但其行为已不能证明；殷商之礼我能讲出来，宋国虽是商人后裔，其行为也不能证明。这是由于文献不足的原因，如果充足我就能够证明。

"征"同"证"。夏朝的后人被封在杞地，就是"杞人忧天"的"杞"。商朝的后人被封在宋地，孔子即为宋人后裔。为什么孔子在文献不足的情况下还能够知道夏礼、商礼的内容呢，因为他了解礼的内涵，礼的内涵才是礼的精髓，而礼的规则就是礼的内涵与时代背景结合的产物。

第十章讲礼是外在行为与内心态度的统一，相当于是对这一部分内容的小结。

【原文】

子曰：禘自既灌而往者，吾不欲观之矣。

【试译】

孔子说：施行禘礼，敬献了第一杯酒之后就想早点儿结束的，我是不愿意观看的。

禘是祭天地祖宗之礼，诚心敬献的人会全心全意地把整个程序进行完毕，同时在心中向天地祖宗祈祷。而有的人没有内心的敬意，只将其看成一种形式，应付了事，敬了一杯酒就想早点结束，这样的礼是没有意义的。这句话的意思是，礼在应用时如果脱离了内在的精神，就没有任何意义了。

礼的原则

第十一章到第二十章讲礼的精神与原则。

第十一章讲礼首先是约束自己。

【原文】

或问禘之说。子曰：不知也。知其说者之于天下也，其如示诸斯乎！指其掌。

【试译】

有人请教禘礼的内容。孔子说：不知道。知道禘礼的人对于天下的事，如同展现在这里一样！他指向自己的手掌。

礼的第一项原则就是自我约束。这一段看似与前一段衔接很紧密，都在讲与禘礼有关的事，但角度已经不一样了，前后两章都讲禘礼，这在行文上是一个很好的过渡。作为个人来说，在面对礼的时候，首先要给自己正确的定位，不是什么礼你都可以学，什么礼你都可以问，问礼首先要合乎礼的要求。孔子知不知道禘礼呢？他绝对知道，但他却不讲。为什么呢？孔子的意思是，这个问题你不该问。禘礼乃天子之礼，其他人问就已经是逾礼了，孔子如果真的告诉了他那也是逾礼。你既然要学礼，首先从学的时候开始就要守礼，问礼之事也是要受到礼的限制的。如果是君王或者负责礼仪的官员来请教这个问题，孔子的回答肯定是不一样的。无关人员问禘礼与"八佾舞于庭"的性质其实是一样的，你为什么要问天子之礼，是你想自己做天子呢，还是想给现在的天子挑毛病呢？哪种出发点都是不行的。从礼的要求来说，人首先要知道的不是某种礼仪该怎么做，而是自己什么该做，什么不该做。

第十二章讲礼要发自内心。

【原文】

祭如在，祭神如神在。子曰：吾不与祭，如不祭。

【试译】

祭祀时要当作对方存在，祭祀神灵时要如同面对神灵一样。孔子说：我如果不亲自去祭祀，如同没有祭祀。

礼的第二项原则是全身心投入。"祭如在，祭神如神在"这句话并未写明是孔子或其弟子的言行，应是作者的观点。前人因为先把《论语》定义为是记载孔子及其弟子言行的书，所以把这句话看成是孔子的话。祭祀通常是对于天地、社稷、鬼神，在这句话中，后半句"祭神如神在"是针对鬼神而言的，范围较窄，而前半句"祭如在"则是祭祀的一般规则，是针对所有的祭祀而言的。祭祀天地的时候，要把天地当成有生命的对象，祭祀社稷的时候，也要把社稷人格化，这才是真诚。可是，孔子所能祭祀的范围是有限的，他可以祭祀祖先和家里的神灵，但对于天地、社稷，孔子是不能去祭祀的，否则就与"季氏旅于泰山"的性质是一样的了，孔子是不会那么去做的，所以如果把这句也加在孔子身上那不是害孔子吗？"祭如在，祭神如神在"是对祭祀的基本要求，也是礼的基本要求——真诚。祭祀的对象无论是神灵还是祖先，都要像你就在对方面前一样，有了这样的态度，祭祀才有意义，你才能发自内心地表达自己的情感。

第十三章讲礼要坚持正道。

【原文】

王孙贾问曰："与其媚于奥，宁媚于灶"，何谓也？子曰：不然。获罪于天，无所祷也。

【试译】

王孙贾问孔子说："与其取悦于家里的主神，还不如取悦于灶神"，这句话是什么意思？孔子说：不是这样的。如果不走正道，得罪了上天，怎么祈祷也没有用。

礼的第三项原则是要走正道。王孙贾是卫国的大夫，孔子在卫国时颇受卫灵公的礼遇，卫灵公想启用孔子却一直没有启用，孔子亦想在卫国干一番事业，所以王孙贾就劝他说，你不能光想着走卫灵公这条路线，对于卫国的一些权臣也要结交，要让他们推荐你。"奥"是指家里主神，"灶"是指家里灶神，王孙贾讲话很含蓄，用拜神来打比方。孔子一听就明白了他的意思，但他不肯那么做，既然对方在打比方，自己也没有必要说破，于是借着同一个话题发挥下去。孔子说如果获罪于天，怎么敬神也没有用，意思是人还是要走正道，不可投机取巧。此处引用这个例子，是在说明对于礼要坚持正道，该怎么做就怎么做。

第十四章讲礼需要仪式与规则。

【原文】

子曰：周监于二代，郁郁乎文哉！吾从周。

【试译】

孔子说：周礼吸收了夏、商两代的很多东西，内容好多啊！（虽然有这么多的限制，）但我仍然坚持按照周礼行事。

礼的第四项原则是遵守仪式与规则。虽然礼很繁琐，但繁杂的程序是有意义的。"郁郁乎文哉"一语，很多人把它理解为孔子对周礼夸赞，其实孔子只是进行客观评价而已。因为"文"本身是中性词，并不必然是褒义的，后文中讲到"文胜质则史"，"文"只是一种属性，并非说"文"就是优点。孔子认为周礼吸收借鉴了夏、商两代的礼，非常全面，全面的好处是对于各种社会行为都有指引，但内容也确实太多了，礼多了也有它的问题，从经济学上来讲，礼的繁琐会增加各种社会行为的经济成本，这也是一个不容忽视的问题，但孔子的选择是坚持周礼。为什么明知繁琐还要坚持？因为要坚持正道，该做的事就要坚持做，付出一定的成本也值得。但这里要注意，孔子只说他自己"从周"，并不是要求别人也一定要那样去做。

第十五章讲礼不是僵化的规则。

【原文】

子入太庙，每事问。或曰：孰谓鄹人之子知礼乎？入太庙，每事问。子闻之，曰：是礼也。

【试译】

孔子来到太庙，做每件事都要先向人请教。有人说：谁说叔梁纥的儿子知礼啊？来到太庙，每件事都要问。孔子听到了，说：这才是礼啊。

礼的第五项原则是活学活用。鄹是孔子的出生地，"鄹人"此处指的是孔子的父亲叔梁纥。孔子从小就学礼，对礼非常熟悉，但到了太庙却什么都要问，所以把别人弄糊涂了，一个很懂礼的人为什么见什么都要问，感觉让人不能理解，所以自然怀疑孔子是否真的懂礼。孔子不知道太庙相关的礼仪吗，他知道，但知道也要问，这才是对太庙的尊重，而不能自以为是，认为自己都懂了，然后自行其是，那是不合适的。这段话要注意其背景是在太庙，因为太庙是国家供奉祖先神灵的地方，非常重要，在其他场合则不一定要这样。作者引用这段典故，意在说明礼在应用时要注意因地制宜。比如你去参加别人家里的婚丧嫁娶等事，最好的方法就是"每事问"，即使你知道这方面的礼仪，也不要自作主张，因为如果主人家对礼仪的理解不同甚至可能有些地方搞错了，而你按照自己所知的礼仪去做，即使你做对了也可能造成

尴尬，而"每事问"则可以避免这样的情况。所以，知礼也要知道礼在什么情况下能用。按钱穆先生考证，最后一句原为"是礼耶"，认为这是一个反问句，即"那是礼吗"，意思是到底太庙里的行事规则是礼，还是我的发问是礼呢？两种说法都解释得通。对于孔子来说，他的"问"才是礼。太庙里的规则是太庙之礼，而孔子之问是孔子之礼。孔子既知太庙之礼，亦知问之礼，但此时应当用的恰恰是问之礼。

第十六章在讲礼其实并没有一个绝对的标准，要因人而异。

【原文】

子曰：射不主皮，为力不同科，古之道也。

【试译】

孔子说：射箭并不要求射穿箭靶（目标是射中红心），因为每个人的力量是不同的，这个道理自古如此。

礼的第六项原则是尽力而为。具体来说要根据不同的情况来判断。首先来说，礼从行为上来判断，并不能用统一的标准来要求，因为每个人的能力和所面临的情况是不同的。这就好比在祭祀祖先的时候，有的人家境好，祭品多一些，有的人经济条件有限，祭品少一些，但并不能说祭品少的人对祖先的敬意就比别人差，因为每个人的情况是不同的，不能一刀切。射箭达到红心，说明方向是正确的，出发点是对的，人做到这一点才是关键，至于能力高低、效果达到什么程度，那就不能一概而论了。

第十七章讲每个人都应当尽力而为。

【原文】

　　子贡欲去告朔之饩羊。子曰：赐也！尔爱其羊，我爱其礼。

【试译】

　　子贡想要去掉在朔日祭奠所用的羊。孔子说：子贡啊，你爱惜这只羊，而我爱惜这当中的礼。

　　所谓尽力而为，哪怕结果并不理想，也要全力去做。"告朔"本是一个重要的活动，杀一只羊献祭，然后国君听政，但到后来鲁君非但不听政，连祭奠也不参加。子贡是通达之人，把什么事情都看得很透，因为听政才是真正重要的事情，既然国君都不来听政了，那还杀羊干什么，何必走这个形式呢？献祭本就是国君的事，国君应当亲自参加，但他却不来，"不与祭，如不祭"，所以在这种情况下，子贡认为干脆都免了吧。而孔子认为虽然国君不守礼，但做臣子的还是要做好自己的本分，鲁君不来，我们也还是要坚持把这个礼执行下去，我们尽自己的能力去

做就可以了。但其讲法很委婉，他没有直接指出子贡在闹情绪，而是借口说子贡节俭。其实以子贡的财力，哪会在乎一只羊呢？

第十八章讲尽力而为要到什么程度。

【原文】

子曰：事君尽礼，人以为谄也。

【试译】

孔子说：侍奉君主，如果把所有的礼仪都做到位了，会让人认为你在谄媚。

周礼内容很多，很繁杂，如果所有事情都按周礼的要求去做会让人觉得过分。此处所讲的程度可以说是守礼的极限，既然是极限自然不能要求每个人都要达到这样的程度，不必苛求，尽力就好。那么，是不是说不须要完全按礼的规则去行事了呢？也不是。因为那样就违反了前面的第二项原则——全身心投入。祭神时明明看不到神，祭祀者也要真诚地与对方交谈，别人可能认为神根本就不存在，你在跟空气说话，祭祀者如果有这个顾虑，那就不要祭祀了。同样，事君尽礼，也不用在乎别人的眼光。

第十九章讲礼是双向的。

【原文】

定公问：君使臣，臣事君，如之何？孔子对曰：君使臣以礼，臣事君以忠。

【试译】

鲁定公问孔子：国君指挥臣子，臣子侍奉国君，应当达到什么样子？孔子正式答道：国君依礼指挥臣子，臣子以忠心侍奉国君。

礼的第七项原则是权利义务一致。礼从来都不是单向的，始终强调权利与义务的一致性，如父慈子孝、兄友弟恭。礼的核心是仁，而就臣子对于君王之礼来说，其核心是忠。然而臣子对君王的忠并不是单向的，君王亦有君王的义务，君王的义务就是要依礼而行。就君王的礼和臣子的忠而言，一个是外在表现，一个是内在的态度，最理想的状态无疑是二者相一致，但对于国君与臣子来说，侧重点是不同的。国君要注重外在的表现，因为他要面对许多臣子，对每一个人都发自内心的关心照顾是难以做到的，但在行为上要合乎礼。而对于臣子来说则不然，因为那么多臣子所面对的只是一个君王，所以不能只是停留在表面，而是要发自内心地忠于国君，关键在于他的态度。

第二十章讲礼要有度。

【原文】

子曰：《关雎》，乐而不淫，哀而不伤。

【试译】

孔子说：《关雎》这首诗，有快乐但并不过分，有哀愁也没有到悲伤的程度。

礼的第八项原则是适可而止。礼是拿来用的，建立这样一套社会规则是为了让人民生活更好，让社会发展更好。所以，礼在用的时候不可走极端，要有度。淫的意思是指过分、过多。《关雎》这首诗人们都很熟悉，以每四句为一段来分，全诗可以分为五段。第一段讲到男子对女子爱慕，第二段讲初步追求，第三段讲求而不得，第四段讲通过展示才艺吸引对方，第五段则是追求成功。整首诗讲到了爱情故事当中的起起落落，但对于感受程度的描写都恰到好处。第三段讲追求不成功的时候，其反应是"辗转反侧"，描述了失恋的苦闷，但并没有悲伤得寻死觅活；第五段讲追求成功之后，"钟鼓乐之"，生活很快乐，但也没有把爱情当成是天底下最重要的事情。所有的行为与表现都在合理的度之中，给人感觉很得体。此处引用孔子此语，目的就是要说明礼也是如此，用时要有度。礼是治理社会的手段，是人与人相处的方式，礼本身并不是目的，不能单纯为了遵守礼而执行礼，一定要把握合理的限度。

四

周礼衰败的原因

前面讲了礼的作用、涵义与原则，说得很有道理，但不能代替现实的情况。从周公作礼到孔子的时代隔了五百年左右，也就是说周礼已经实行了五百年左右，但结果却极不令人满意，到了春秋时期，已经礼崩乐坏，这又该如何解释呢？礼是不是真的对社会有价值呢？这个问题是很复杂的，这一部分选择了几个方面的问题来分析社会状态的成因。

第二十一章讲周礼的失败首先归咎于朝代建立之始。

【原文】

哀公问社于宰我。宰我对曰：夏后氏以松，殷人以柏，周人以栗，曰使民战栗。子闻之，曰：成事不说，遂事不谏，既往不咎。

【试译】

鲁哀公问宰我关于土地神社的问题。宰我正式回答说：夏朝的夏后氏在社稷坛上种植的是松树，到了殷商改用柏树，而到了周朝则换成了栗树，喻义是使民战栗。孔子听到了，说：既成事实不要劝说了，完成的事也没有必要劝谏了，过去的事不要追究了。

宰我名予，字子我，是孔子弟子当中口才非常好的一位。社指的是国家的精神，有形的就是社稷坛，属于古代王朝文化建设的重点。社稷坛都会种树，不同的树代表不同的精神。夏朝用松树，因为松树高洁，又常常用来挡风沙，这一做法可以理解为倡导高洁的品质及对人民的责任。商朝用柏树，与松树差不多，二者均为长青之树，所代表的意义接近。而周朝所选用的栗树则不同了，喻义是使百姓战栗，用它的目的是要让老百姓害怕统治者。此处讲这个问题意在表明周朝在建立之初管理民众方面采用的是威慑手段，而不是为政以德，表明这个朝代从一开始就有一定的问题。

这里需要注意，如果只是要表达周礼在出发点上有问题，那么宰我的回答已经足以说明问题了，为什么后面要加上孔子的评论呢？这里孔子的评论内容比较长，"成事不说，遂事不谏，既往不咎"，其实三个分句意思是相近的，明明用一个就可以了，为什么要把三个都写下来？难道仅仅是为了文字的优美？恐怕未必。表面上看，每个分句的意思都是"过去的就让它过去吧"，如果只用其中一个分句，那么所表达出来的意思就是宽容，但三个宽容放在一起就不再是宽容之意了，而是痛心疾首。周朝建立时缺乏仁的基础，这一点是让孔子痛惜而又无法改变的，这也是《论语》对于礼崩乐坏所找到的根本原因，所以重点着墨来写。

第二十二章讲在此后社会发展过程中，有些人或许有能力弥补朝代建立初期所产生的问题，但这些人却并没有起到好作用。

【原文】

子曰：管仲之器小哉！或曰：管仲俭乎？曰：管氏有三归，官事不摄，焉得俭？然则管仲知礼乎？曰：邦君树塞门，管氏亦树塞门；邦君为两君之好，有反坫，管氏亦有反坫。管氏而知礼，孰不知礼？

【试译】

孔子说：管仲的器量太小了！有人问：管仲节俭吗？孔子说：管仲有多个住处，每项事情都有专人负责，哪里算节俭？又问：那么管仲知礼吗？孔子说：国君住处门外树着大屏风，管仲家也有；国君为外交所需，设有反坫之坛，管仲家也有。如果说管仲知礼，还有谁不知礼？

管仲助齐桓公称霸，是在春秋时期有很大影响的人物，按理来说他应当成为人们学习的楷模，但他却没有，他对齐国贡献很大，但在社会风气引领上却没能发挥好的作用，这也是社会风气变坏的原因之一。其实孔子对于管仲是非常赞赏的，《论语》中也有很多孔子对管仲的正面评价，但孔子认为管仲本来可以做得

更好。在礼的方面，司马迁认为管仲虽有三归、反坫，但"齐人不以为侈"，意在说明其威望及民众的认可度，但孔子对此事的评价是客观的，没起到好作用就是没起到好作用。此处引用孔子对管仲的评价，目的不是讨论管仲的事，而是借此来说明像管仲这样社会影响力大的人并没有注重对礼的引导，这也是社会风气未能扭转的原因。孔子是"恶言人之恶"的人，《论语》秉承孔子的理念，也很少讲别人的坏话，为什么此处对管仲却如此不留情面呢？一方面是由于管仲成就很大，稍稍指责下抹杀不了他的成就，而且后文中称赞管仲的地方很多；另一方面此处对管仲的批评是器量小，是一种惋惜的态度。

第二十三章讲礼崩乐坏的发展过程。其以乐曲来比喻事物的发展经过，意思是此后随着社会的逐渐发展演变，最终导致礼崩乐坏。

【原文】

子语鲁大师乐。曰：乐其可知也。始作，翕如也，从之，纯如也，皦如也，绎如也，以成。

【试译】

孔子与鲁太师讨论音乐。孔子说：音乐是有一定规律的。刚开始，声音细微而舒缓；接下来，由小到大，声音纯正，进入主旋律；再后来进入高潮阶段，慷慨激昂；最后是尾声，逐渐平缓而有余音，就此结束。

鲁大师的"大"同"太"。自周公作礼至礼崩乐坏并非一朝一夕所至，而是逐渐发展演变来的，这种变化就如同演奏音乐一样。鲁太师是鲁国掌管礼乐文化的官，此处写明他的身份是有特殊意义的，表明这是高水平人士之间的对话，有"内行看门道"之意。如后文讲"中人以上，可以语上"，此处的对象很重要。周礼的发展就如同乐曲一样，周公刚开始作礼时影响较小，慢慢地作用显现出来，占据了人们的社会生活，再后来礼的作用被高度重视，但负面影响也随之而来，如老子云：夫礼者，忠信之泊，而乱之首也。最后，到了春秋时期，礼的精神已经被人们逐渐抛弃了，作用也丧失了，但并未结束，仍会有后续的影响。此处以音乐的规律来比喻周朝社会的发展，说明周礼的发展历程是从无到有，从弱到强，而又由盛转衰。

礼教复兴之困

社会发展到了春秋时期，周礼的实行已经非常困难，整个社会也到了礼崩乐坏的地步，但并非所有人都随波逐流，仍然有人勇于承担社会责任，一心想复兴礼教。

第二十四章讲尽管已经礼崩乐坏，但仍然有人想复兴礼教。

【原文】

仪封人请见，曰：君子之至于斯也，吾未尝不得见也。从者见之。出曰：二三子何患于丧乎？天下之无道也久矣，天将以夫子为木铎。

【试译】

仪地的一位官员求见孔子，说：孔子到了这里，我是应当见见的。随从人员安排他与孔子相见。他出来以后说：你们这些年轻人不必再担心道德的沦丧了，天下无道这么久了，上天将以孔子为警醒世界的木铎。

此处的"丧"是丧失的意思，丧失的是什么，结合下文中"天下之无道也久矣"，说明丧失的是"道"，扩展开来说，道、德、仁、义、礼都可以包含在其中。孔子要复兴礼教，当然不仅要复兴它的规则，更重要的是它的内涵——"仁"，更高的目标就是"德"与"道"。这一章借仪封人之口说出有人仍然坚持想让社会道德复兴，这个人就是孔子。《论语》此处并非仅是在宣传孔子的伟大，而是把孔子作为一个例子，歌颂这一类人，歌颂那些以道德复兴、文化复兴为己任的人。

第二十五章讲这些人虽然想要复兴礼教，但是难度很大，有些问题是他们无法改变的，因为周礼存在的基础是周王朝，而周朝的建立就不合礼数。

【原文】

子谓韶：尽美矣，又尽善也。谓武：尽美矣，未尽善也。

【试译】

孔子评论韶乐（舜时代的音乐）：美妙极了，也十分完善了。评论武王时代的音乐：美妙极了，还不够完善。

此处想说的是政治问题，太过敏感，于是改为说音乐，但后人一看到这里就很容易看出所隐含的意思。就音乐之间的比较而言，美不美还比较容易比较，善怎么比较？即使学音乐专业的人也很难去比较，所以他根本就不是在说音乐本身。周朝建立初期与舜的时代相比，在治理天下方面应该说水平都比较高，但所不同的就是天下得来的方式，舜的天下是让来的，而周朝的天下是夺来的，两者根基不同。礼教之所以难以复兴，虽然有各方面的原因，但最根本还是在于周王朝的根基问题。

第二十六章讲复兴礼教所面临的现状也不容乐观。由于周朝建立之初的问题在几百年中都没有得到弥补，并不断恶化，造成

了春秋时期的社会状况。

【原文】

子曰：居上不宽，为礼不敬，临丧不哀，吾何以观之哉？

【试译】

孔子说：王公贵族不够宽厚，施行礼仪的时候内心缺乏敬意，整个社会面临礼要灭失也不感到哀伤，这样的社会还有什么值得看呢？

"临丧不哀"，以前的学者常常把它翻译为参加丧礼也不感到哀伤，这一理解似欠妥。丧礼上的悲哀是人的本性，人只要没有失去人性，在丧礼上一般仍会感到哀伤的，春秋时期虽然礼崩乐坏，但还不至于沦丧到对死亡无动于衷的地步。而且，如前所述，丧礼在整个礼的体系中并不是最重要的，没必要总拿丧礼来举例。此处指的是面对礼的丧失、道德的丧失，人们不感到哀伤。此处讲礼崩乐坏的社会现状，进一步明确礼教复兴所面临的现实困难。

《里仁》篇图解

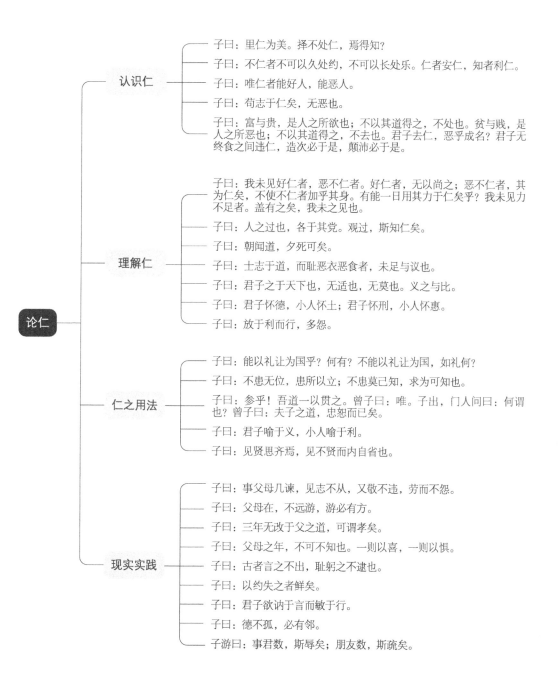

论仁

认识仁
- 子曰：里仁为美。择不处仁，焉得知？
- 子曰：不仁者不可以久处约，不可以长处乐。仁者安仁，知者利仁。
- 子曰：唯仁者能好人，能恶人。
- 子曰：苟志于仁矣，无恶也。
- 子曰：富与贵，是人之所欲也；不以其道得之，不处也。贫与贱，是人之所恶也；不以其道得之，不去也。君子去仁，恶乎成名？君子无终食之间违仁，造次必于是，颠沛必于是。

理解仁
- 子曰：我未见好仁者，恶不仁者。好仁者，无以尚之；恶不仁者，其为仁矣，不使不仁者加乎其身。有能一日用其力于仁矣乎？我未见力不足者。盖有之矣，我未之见也。
- 子曰：人之过也，各于其党。观过，斯知仁矣。
- 子曰：朝闻道，夕死可矣。
- 子曰：士志于道，而耻恶衣恶食者，未足与议也。
- 子曰：君子之于天下也，无适也，无莫也。义之与比。
- 子曰：君子怀德，小人怀土；君子怀刑，小人怀惠。
- 子曰：放于利而行，多怨。

仁之用法
- 子曰：能以礼让为国乎？何有？不能以礼让为国，如礼何？
- 子曰：不患无位，患所以立；不患莫己知，求为可知也。
- 子曰：参乎！吾道一以贯之。曾子曰：唯。子出，门人问曰：何谓也？曾子曰：夫子之道，忠恕而已矣。
- 子曰：君子喻于义，小人喻于利。
- 子曰：见贤思齐焉，见不贤而内自省也。

现实实践
- 子曰：事父母几谏，见志不从，又敬不违，劳而不怨。
- 子曰：父母在，不远游，游必有方。
- 子曰：三年无改于父之道，可谓孝矣。
- 子曰：父母之年，不可不知也。一则以喜，一则以惧。
- 子曰：古者言之不出，耻躬之不逮也。
- 子曰：以约失之者鲜矣。
- 子曰：君子欲讷于言而敏于行。
- 子曰：德不孤，必有邻。
- 子游曰：事君数，斯辱矣；朋友数，斯疏矣。

里仁第四
##

礼的内涵是"仁"，《里仁》篇在讲"仁"的问题，一共分为四个方面，分别是怎样认识仁、怎样理解仁、仁的用法及行为指引。

认识仁

第一章在讲仁有什么作用。为什么要追求仁？因为那是美好的。

【原文】

子曰：里仁为美。择不处仁，焉得知？

【试译】

孔子说：处于仁的境界是一种美好的体验。如果不达到仁的境界，怎能获得智慧呢？

关于"里仁为美"一句，有人译为"住的地方，要有仁德这才好"，意思是住处要选择好的环境、好的氛围。但这样理解可能不合适，因为作为讲"仁"的一篇文章来说，开篇即讲对居住环境的要求不合适，仁者不应"耻恶衣恶食"，自然也不应挑剔居住条件，那样的理解会导致前后矛盾。"里仁"与"处仁"是同样的意思，指居于仁的境界。

"仁"的意义首先在于它可以带给人美好的体验，进一步来说，"仁"是通往智慧的阶梯，所以"仁"是值得追求的。此处"知"同"智"，是智慧的意思。道是真正的智慧，德也可以说是智慧。老子言：失道而后德，失德而后仁。此处孔子讲，人要先追求仁的境界，才能进一步领悟智慧。随着社会的不断发展，仁、义、礼、智、信成为社会的行为规范准则，人必须要遵从，否则将难以在社会上立足。这虽然有助于社会秩序的建立，但却把发自内心的美好变成了一种被动的责任，以至于人们常常忽略其本来的美好。孔子讲到仁的作用的时候，并不是从责任约束来讲的，也不是从社会需要的角度来讲的，而是从人自身来讲的。

第二章到第五章在讲仁如何判断。仁可以说是一种品质，品质是内在的东西，而内在的东西都不好判断，那么是不是说对一个人是否达到了仁的境界就难以判断呢？不是的，方法是有的。

第二章在讲看其对待生活的态度。

子曰：不仁者不可以久处约，不可以长处乐。仁者安仁，知者利仁。

孔子说：未达到仁的境界之人，难以长时间处于贫困节俭的生活，更难以在这样的情况下保持安乐。仁者真心安于这样的境地，聪明人则会利用自己安于境地的表现实现其他目的。

判断方法之一：察其所安。在贫困的生活中仍能保持快乐确实是仁者的表现，但不等于那就是仁者，还要看他是发自内心地安于仁的境界，还是想要对这一情况加以利用。如果他是真心安于这样的境地，那就是仁者的表现，而如果他只是想利用"安于仁"的表现来实现其他目的，那只能说明他是位聪明人，并不是仁者。比如孔子称赞颜回在陋巷不改其乐，其心三月不违仁，那么如果把这个作为仁者的标准，就会有人比照去做，在陋巷中心平气和地生活几个月，然后领一张"仁者"证书回来，接下来就可以得到社会的尊重，著书立说，开门收徒，这就不是真正的安于仁的境界，而只是一种手段。但孔子并没有说这样不对，他说懂得利用贫困处境的人是聪明人，聪明人虽不是仁者，可也不是坏人，人并非不可以这样去做。利仁者是智者，安仁者是仁者，这仅是二者的区分而已，并不是一种要求。

里仁第四 内 仁

113

第三章与第四章在讲看其为人处世的表现。

【原文】

子曰：唯仁者能好人，能恶人。

【试译】

孔子说：只有仁者愿意旗帜鲜明地赞赏他人，表达对他人的厌恶。

判断方法之二：视其所以。仁是人与人之间的关系。有的人很自负，瞧不起别人，把别人都说得一无是处；有的人深通世故，怕得罪人，从不讲别人任何的不好。这两种做法都不是仁者的境界。仁者是对他人负责的人，对社会负责的人，不虚伪，会明确表达自己的好恶。明明很讨厌某人，却当面装作很好，而背后说人家坏话，这样的事情仁者是不会去做的。仁者这一做法不仅是诚实的表现，更具有积极的社会意义。赞赏或讨厌某人，并非简单地表达自己的好恶，而是在传递社会的主流价值，引导社会风气。后文中有"巧言、令色、足恭，左丘明耻之，丘亦耻之。匿怨而友其人，左丘明耻之，丘亦耻之"就是这个意思。仁者对于他人的赞赏和讨厌并非站在个人利害得失的角度考虑，而是站在全社会的角度，从仁的境界出发去判断的，至于私人恩怨，仁者是放得下的。后文也讲到在仁者眼中没有"不仁者"，仁者所表达的并非个人的好恶，并不是他赞赏谁、讨厌谁，他是为了社会而表达。如后文中子路因为"使门人为臣"而被孔子批评，原因就是如此，孔子要借此向社会传递一种价值观。

【原文】

子曰：苟志于仁矣，无恶也。

【试译】

孔子说：如果一个人立志求仁，在他身上找不到恶的东西。

观察其自身的行为，也可以判断其是否为仁。"仁"除了可以从一个人的积极行为判断以外，还可以从反面来判断。"恶"其实也不容易判断，但相较于"仁"来说还是要容易一些。这里相当于在用反向指标进行判断，你说一个人是仁者，举出他一堆优点是不够的，一个致命的缺点就可以否定他所有的优点。但如果一个人的身上找不到任何恶的影子，即使说不出这个人有什么显著的优点，那也并不影响他的"仁"。优点的表现常常需要外在条件的衬托，所谓"时穷节乃现"，不到危急时刻有些品质显现不出来，人们看到的只是平平淡淡，但只要他的身上没有恶，在平淡中也可以发现一个人的"仁"。

第五章在讲看其做事的方法和手段。

【原文】

　　子曰：富与贵，是人之所欲也；不以其道得之，不处也。贫与贱，是人之所恶也；不以其道得之，不去也。君子去仁，恶乎成名？君子无终食之间违仁，造次必于是，颠沛必于是。

【试译】

　　孔子说：富与贵，这是人想要的，如果不由正道得来，宁可不要；贫与贱，这是人不想要的，如果不经正道改变，宁可不改变。不让君子考虑社会关系，他会放弃成名的机会。君子不会在吃一顿饭的过程中忽略人与人之间的关系，小的矛盾是由此产生的，大的问题也是由此产生的。

　　判断方法之三：观其所由。对达到仁的境界之人来说，仁是贯穿始终的，既要重视大的方面，也不能忽略小的方面。此处讲到吃饭，代表了生活中的细节。在细节方面处理好人与人之间的关系是非常重要的，如果不注意，从小的方面来说，可能引发人与人之间的矛盾，即所谓"造次"；从大的方面来说，可能影响人的命运，即所谓"颠沛"。

　　谁说内在的东西就不好判断？视其所以，观其所由，察其所安，人焉廋哉？

理解仁

第六章到第十二章讲仁该如何去理解。由于仁很难定义，所以本篇只能是通过大量的篇幅进行诠释。仁可以理解为一种境界，有的人认识到了仁，有的人还没有；有的人对仁的理解深刻一些，有的理解肤浅一些，甚至还有的人理解上存在偏差。这就是我们关于仁的认识状态。但这种说法让人感到模糊，甚至有些玄虚，对于多数人来说，更想要一个明确的、客观的概念。比方说，你告诉我关爱别人是仁，那我就尝试去关爱；孝敬父母是仁，那我就去孝敬；言而有信是仁，那我就要讲诚信。这些东西都有价值，但还称不上仁。《论语》中涉及"仁"的内容有很多，但即使我们把这些都读懂了可能也无法定义什么是"仁"。

第六章讲仁不是社会行为的属性。

【原文】

子曰：我未见好仁者，恶不仁者。好仁者，无以尚之；恶不仁者，其为仁矣，不使不仁者加乎其身。有能一日用其力于仁矣乎？我未见力不足者。盖有之矣，我未之见也。

【试译】

孔子说：我没见过真正达到仁的境界之人会有意远离所谓不仁的东西。达到这一境界的人，不会认为什么事情是值得推崇的。有意远离不仁的人，他对于仁的追求方式，就是不让被称为不仁的东西落到自己身上。哪里有人可以某一天使用力量达到仁呢？我没见谁是因力量不足而不能追求仁的，或许有吧，但我没有见过。

在我们的社会价值中，仁经常会被作为一种目标，是许多有志之士所追求的一种境界。我们习惯于用二分法，看待事物有好的就必然有坏的，有善就必然有恶，有仁就应当有不仁，其实孔子的观念并不是这样的。把社会现象一分为二，一部分是仁，另一部分是不仁，这是对于仁的一种误解。仁不是一种社会属性，而是一种境界。唐代韩愈说，仁是对所有人的爱——博爱。达到这一境界的人，对所有的事情都能够予以理解和包容。即使他做了什么，也不是有意去做。如《老子》所言：上仁为之，而无以为也。有意远离"不仁"的人，其内心已经有了仁与不仁的划分，他对所谓"仁"的追求方式就是不让所有被称为"不仁"的东西落到自己身上，他对"仁"的理解已经出现了偏差。真正的仁不是有意为之，当有意为之的时候，就已经不是仁了。仁是难以靠力量达到的，从理论上说，如果一个人能力无限大，他可以帮助所有人解决所有的问题，那当然可以称为仁的境界，但现实中不可能有人有这样的能力。孔子很谦虚，他并没有说这样的人不存在，只是说他没有见过。

第七章讲"不仁"其实是不存在的，虽然人有时会表现出社会所不认可的行为与品质，但那只是过失。人是会有过失，但过失不等于"不仁"，要客观看待这个问题。

【原文】

子曰：人之过也，各于其党。观过，斯知仁矣。

【试译】

孔子说：人的过失，都是有社会原因的。认真分析这些过失，就知道什么是仁了。

党是古代的地方单位，五百家为一党，此处指生活环境。每个人都是社会关系的集合体，人的过失都有其社会根源，我们看到一个人的过失，首先会想到这个人有什么问题，但深入地想就会发现我们的社会有什么问题。这是我们认识世界、分析社会问题时所应持的态度，但并非在处理问题时都要持这样的态度。否则，发现有人偷东西，不处理偷东西的人，去找寻社会问题的根源，那社会非乱套了不可。作为管理者，对于社会问题既要治标，也要治本。抓住了小偷，自然应当按照法律规定处理，但同

时也要分析其偷盗的原因。如果是为生计所迫，就要想办法增加就业，提高人民收入；如果是心理问题，那就要重视教育，注重文化的培养。通过分析这些过失的原因，就可以发现问题，找出对策，知道该做什么。从这个角度上来说，这些该做的事就是"仁"，此时可以说，仁就是做该做的事。

第八章讲仁近于道，是非常难以领会的。

【原文】

子曰：朝闻道，夕死可矣。

【试译】

孔子说：人如果哪一天领悟了道，即使当天离开这个世界也无憾了。

人如果悟了道，对生命的理解就会不一样了。至于这种境界是否能达到，则要看各人的悟性和际遇。这一部分已经进入形而上的层面了，这些话听起来很玄，而对这个领域的探索实则还需要更大胆一些，故老子说：玄之又玄，众妙之门。此处是在用道的境界来帮助理解仁的境界，不光道的境界难以达到，仁的境界也差不了多少。老子留下一部《道德经》，后世无数作品对其进行解读，真正读懂的又有几人？而悟道的人就更少了。其实前面这三段与老子的理念非常相似，只是未像《道德经》一样全面展开而已。后世儒道两家有许多分歧，司马迁称其"道不同不相为谋"，其实无论是比较孔子与老子，或是《论语》与《道德经》，他们对道的认识都有许多是相同的，只是在做法选择上有差异而已，"道"未必不同。老子的传人关尹子曾说过与本章同样的话："闻道于朝，可死于夕。"

第九章在讲仁虽不能用语言描述，但可以通过行为判断。

【原文】

子曰：士志于道，而耻恶衣恶食者，未足与议也。

【试译】

孔子说：有的人想要追求道，却厌恶差的衣着与饮食，这样的人不值得与他讨论道。

关尹子说"道终不可言"，其实仁也是一样。但不可言并非不可理解、不可领悟、不可实践，虽是形而上的，但并不是空洞的理论，它在我们的现实生活中是实实在在发挥着作用的。有的人嘴上说追求道，但对生活条件却很在意，这样的人根本不理解什么是道。道就在生活当中，活在当下就是道。对于"恶衣恶食"之人来说，"恶衣恶食"也是道，而他以此为耻，那岂不是

连道的大门在哪里都不知道？孔子是可以与人"议"道的，否则何来"未足与议也"一说，这说明他对于道是懂的，至少是有所了解的。

第十章在讲世俗观念中的仁并非真正的仁。

【原文】

子曰：君子之于天下也，无适也，无莫也。义之与比。

【试译】

孔子说：君子在这个社会上，没有什么是必须遵从的，也没有什么是一定不能违背的。有了义的概念才会把所做的事拿来比较。

当仁被人们作为道德观念固化后，就变成了一种标准和要求，人一定要按这样的要求去做才算是合乎仁。其实这是一种认识上的误区。人生并没有标准答案，一切都由人自己去选择。这样的解释看起来不合乎儒家的观点，那只是不合乎后世儒家的观点，但可能却恰是孔子此语的本意。因为世界本来是没有价值取向的，如西方学者拉德布鲁赫所谓的"价值盲"。人生本就没有标准的模式，也没有必然的方向，所以没有什么是必须做的，也没有什么是一定不能做的。

第十一章在讲所谓的各种道德标准，都来源于人们头脑中的价值观念。

【原文】

子曰：君子怀德，小人怀土；君子怀刑，小人怀惠。

【试译】

孔子说：君子心中是对德的追求，普通人心中想的是财产；君子注重自己的品行，普通人注重获利的结果。

人本没有优劣之分，由于社会有了价值取向才将人分类，有了君子小人之分。此处的"小人"并不是后世所指的品德很差的人，而是指修为还不够的人。"土"指的是土地，土地是古代最主要的财产。关于此处的"刑"字，前人多将其作法度或刑罚理解，这可能未必准确。古代法律主要指刑法、刑罚，君子为什么会重点关注法度，是想用它来治理天下？还是想用它达到自己的目标？又或是害怕其会加于己身？周朝的社会制度是"德主刑辅"，刑罚在社会中的地位并没那么重要，所以君子真正关注的应当是"德"，而不是"刑"。前文早就说了"道之以政，齐之以刑，民免而无耻；道之以德，齐之以礼，有耻且格"，君子治理天下应该重点关注"德"而非"刑"。守法的人在法律的范围内是自由的，君子非常注重自己的品德，应该不必担心自己

会受到刑罚。如果为了高尚的道德、民族大义，君子会选择慷慨赴死，何惧刑罚？如公冶长、司马迁，虽受刑罚，但无损德行。

另外，从排比语法上来讲，本章第一句可以解释为"君子重德不重土，小人重土不重德"，第二句中也应可以解释为"君子重刑不重惠，小人重惠不重刑"，可这样一分析问题就又来了，如果把"刑"解释为刑罚，小人"不重刑"这一点也是解释不通的。作为普通人怎么可能不怕刑罚？那刑罚还有什么用？这是不合常理的。此处"刑"应当同"型"，如《周易》"蒙"卦中"利用刑人"的"刑"，有造型、塑造之意。德是内在的，而型是外在的，是德的表现。后一句的意思是君子注重自己的"型"，不是指外貌衣着方面的造型，而是为人处事过程中的"型"，也就是品行与操守，而普通人则只关注事情的结果是否获利，不管在过程中所表现出来的品行如何，这才是两者之间的区别。孔子此语是在讲君子与普通人之间的区别，但《论语》引用这句话则是意在说明，君子与小人之分本来是不存在的，是我们人为地把他们区分开的，人有不同的观念是正常的，而我们的社会就是根据人观念的不同进行了区分。

第十二章讲价值观念的形成是社会实践的结果。

【原文】

子曰：放于利而行，多怨。

【试译】

孔子说：放任对利益的追求去行事，容易滋生怨意。

人的本性是趋利避害，可如果不加控制，就会发生问题。天下熙熙，皆为利来，天下攘攘，皆为利往。社会可利用的资源是有限的，人人都想得利，就会引发争夺，得不到的就会心生怨意。你得利，我生怨；我得利，你生怨。基于此，大家慢慢知道了任何人在追逐得益的时候都应有所限制，于是渐渐形成了社会的价值取向与行为规则。

仁之用法

仁也可以理解为社会关系。第十三章到第十七章讲人应当如何处理与社会的关系。

第十三章讲仁外化为礼，但礼的施行不如人意。

【原文】

子曰：能以礼让为国乎？何有？不能以礼让为国，如礼何？

【试译】

孔子说：为什么不能用礼的规则与让的精神治理国家呢？如果能的话哪会有现在这些问题呢？如果不能用礼让的精神来治理国家，那还要礼干什么呢？

由于仁的观念比较抽象，因而在社会实践中人们将其转变为有形的东西，那就是礼。礼的作用就是调整社会关系，但其实际效果并不理想。夏、商时期都有礼，而周朝建立后礼更加完善，成体系。按理说，内容丰富、体系完善的礼应该可以更有效地调整社会关系的方方面面，整个社会应当井井有条才对，可现实情况并不是这样。礼的精髓是让，让的精神比礼的规则更加重要，但礼经过多年的变化之后已经变成了一套空洞的规则。尤其是到了春秋时期，礼的精神已经丧失了，让的风气荡然无存，这种情况是非常值得我们去反思的。造成这种结果，最主要的原因在于人们过于注重礼的规则，而忽略了当中让的理念。如果大家处处谦让，社会风气哪里会变成这个样子呢？

第十四章讲在这样的情况下，有志之士当奋力行之。

【原文】

子曰：不患无位，患所以立；不患莫己知，求为可知也。

【试译】

孔子说：不必担心自己在社会上没有地位，要担心的是安身立命的准则；不必担心别人不了解你，应当寻找让别人了解你的方法。

仁的境界不是靠力量可以达到的，而是靠信念。只要一个人选择了仁，就可以成为仁者。仁者并不需要担心自己地位卑微，也不必担心自己力量太小，因为只要使用得当，再小的力量也能发挥出巨大的作用。每个人在社会上都有一定的影响力，只是影响力大小不同而已。普通人也可以影响自己的子女，自己的亲人、朋友，并逐渐影响到更多的人。所以，树立良好的社会价值观，不是仅仅靠君王、圣贤等社会影响力大的人，每个人从自己做起，都可以为匡扶社会正义尽一分力量。有一些普通人，只做了很小的一些事，但是却在社会上产生了很大的反响，对于社会价值起到了很大的推动作用。如"二十四孝"当中的很多故事，都只是发生在普通人的身上，影响却远远超过了许多王侯将相，所以说地位并不是决定一切的。个人的力量虽小，但并非不能发挥大作用，关键在于怎样去运用。社会地位较高的人，他的一言一行都会受人重视，容易为社会所知。社会影响较小的人，社会

关注度不高，但这并不代表不能有所作为，同样也有办法用自己的力量去影响社会，作为仁者就要懂得运用这样的方法。孔子自身的社会地位也不高，家族虽然曾经有过一定影响，但到他这一代已经不行了，但其最终得到了社会的极大认可。孔子之所以能得到社会的认可，尤其是后世乃至全世界的认可，首先在于传递给社会的价值，即"所以立"，同时还有被社会所了解的方法，即"为可知"的方法。所以，孔子用自己的实践来证明了这句话。

第十五章讲如何在实践中运用智慧。

【原文】

子曰：参乎！吾道一以贯之。曾子曰：唯。子出，门人问曰：何谓也？曾子曰：夫子之道，忠恕而已矣。

【试译】

孔子说：曾参啊，我的道其实从来没变过。曾子说：确实如此。孔子离开后，其他门人问曾子说：老师说的是什么意思？曾子说：老师的道，可以概括为忠、恕两个方面。

此处的"一以贯之"是令人比较难以理解的，千古以来，大家都在研究孔子所说的"一"是什么。不仅在此处这么讲，后文在与子贡谈到"多学而识之"的时候，孔子也告诉子贡自己的学问并不是多学得来的，而是"一以贯之"。孔子两次提到"一以贯之"，所表达的意思是有差别的：与子贡交谈时所讲的"一以贯之"指的是学东西时如果达到了一定的境界，可以做到"一理通，百理通"，事半功倍地掌握很多东西；而在此处，孔子的意思是说自己的"道"从来都没有变过，无论是自己做人做事，还是教育、引导别人，都始终坚持同样的宗旨。

这个宗旨是什么？孔子没有进一步解释，因此导致后人不容易看懂。曾子给其他弟子的解答是"忠恕而已矣"，表面上看来这就是对"一以贯之"的解释，可忠、恕是两个东西，那不成了"二以贯之"了吗？南怀瑾先生说曾子的意思是对其他弟子说，你们学问还不够，暂时还体会不到什么是"一以贯之"，所以先按照忠恕去做就行了。笔者赞同南先生的解释，但他未进一步讲为什么这里会引用曾子的话，因为此处如果曾子的解答只能达到这个程度，那就没有什么意义，编书时这一章也就不会记录后一句了。此处之所以引用了曾子随后的解答，并不仅因为这是一连串的事件，而是要用这个例子来解释什么是"一以贯之"。孔子讲出"吾道一以贯之"之后，弟子们听了普遍没有理解，读者自然也难以理解，所以此处才用曾子为其他弟子的解答来解释。曾子听到的是"一以贯之"，讲出来的是忠与恕，但忠与恕并不是"一以贯之"的内涵。为什么会这样？因为曾子不是在解释老师的话，而是在实践老师的话。符合"一以贯之"的并不是曾子所解答的内容，而是曾子解答行为的本身。

孔子此处在讲教育问题，其所讲的"一"指的是用有效的方法教育学生，"一以贯之"就是说对于所有学生的教育所采用的都是相同的理念。孔子对于每个弟子的教育目的是相同的，都是希望他们能够提高自己，有所收获。而在方法方面，孔子讲究因材施教，对不同的弟子所讲的内容是不同的。从表面上看来，他教给每个人的东西不一样，但实际上对他们的教育却是一样的，是根据每个人的情况对应地给予所需要的东西。曾子听懂了老师的话，但他并没有把老师的意思简单地解释给别人，他回过头来告诉其他弟子，你们把老师这句话理解为忠、恕二字即可，因为这就是你们所需要的。他为什么不直白地讲出呢？这就是中国教育的高明之处，教育是启发，而不是简单地告诉答案。如果曾子只是简单地把孔子的话翻译出来，那太肤浅了。这里的其他弟子多数都应当是晚于曾子的，如果颜回、子贡等人在场的话，他们的学问和领悟力都不会比曾子差，自然无此一问。曾子并没有直接把自己的理解告诉其他弟子，而是根据这些弟子的情况给出了他们所需的"药方"。虽然曾子所解释的与孔子所说的不同，但他的做法却是与孔子相同的，说该说的话，做该做的事，很好地贯彻了孔子"一以贯之"的理念。这就好比请人吃饭，喜欢吃米饭的给他上一碗米饭，喜欢吃面的给他上一碗面，他们所吃的东西是不同的，但请客的人所做的事情其实是相同的。孔子的"一以贯之"是讲给曾子听的，曾子懂了；曾子的"忠恕"是讲给其他弟子听的，其他人也得到了他们所需要的东西，这就是"一以贯之"。

推而广之，孔子的"一"可以进一步解释为用有效的方法去实现目标，"一以贯之"是说在做人做事各方面都应贯彻这一宗旨。之所以这样解释是基于上下文的内容，前面刚刚讲了，不要担心社会地位不够，关键在于怎样去做，要寻求为社会所知的方法，实际上是在讲凡事都是有办法的，地位影响不够没关系，社会不了解你也没有关系，都是有办法解决的。下文中讲到了对于君子使用义，对于小人使用利，就是具体讲述什么是有效的方法。所以，中间这一章出现的"一以贯之"就是用于承接上下文，告诉人们只要找对了方法，凡事都会变得很简单。

回过头来再说，曾子为什么要讲忠与恕？忠是忠于自己的内心追求，我知道我想要传达的是什么，想要做的是什么，这是基础不能丢；而恕则是在融入社会过程中懂得如何理解别人、接纳别人，理解了别人自然就可以用让他能够接受的方式讲话、做事。因此"忠恕"就可以理解为"忠于自己、接纳别人"。从文章编排来看，此处使用曾子的话，不但是对"一以贯之"的解释，也是对下文的铺垫。

第十六章讲什么是恕，恕就是如何与人进行有效沟通。

【原文】

　　子曰：君子喻于义，小人喻于利。

【试译】

孔子说：对于君子，要从社会责任的角度沟通；而对于普通人，要和他讲利益。

世界上任何人都有与其相处之道，如果你想和某人好好相处却做不到，那只能说明你没有找到合适的相处之道。我们把社会上的人简单地按照君子与小人两种来分，那么就要有针对性地采用不同的方法。此处并不是在讲君子比普通人高尚，"义"与"利"都是工具，是可供我们选择使用的，使用这些方法，可以使君子与普通人都向着仁的方向发展。同样，"义"也并不比"利"高尚，作为工具是没有高下之分的，只有是否有效这一标准，不同的工具适用于不同的场景，不同的方法适用于不同的人，它们都是我们所需要的。在社会上跟君子打交道，就要用仁义道德那一套，因为他吃那一套。而对于普通人来说，则要用利来诱导他。"义""利"两种武器都拿在你的手里，还有什么人是不能为你所用的呢？还有什么事是办不成的呢？此处讲的即是恕，理解接纳别人，用适合别人的方式与之相处。

第十七章讲什么是忠，忠就是保持内心对善的追求。

【原文】

子曰：见贤思齐焉，见不贤而内自省也。

【试译】

孔子说：见到贤良之事应当有与之看齐的想法，见到不贤之事在内心自我省视。

不改变自己内心的价值追求，这就是忠。上一章及本章就是对于忠恕之用的详解。"恕"是待人之本，上一章据此延伸，讲到恕的用，人固然有君子和普通人两种，对此都要接纳，不但要理解，还要知道如何与之相处。而本章则在讲曾子所谓的"忠"到底指的是什么。后世所讲的"忠"都是指忠于君王，忠于社稷，其实忠只是一种态度，并不单指对君王的忠，如前文中所讲的"为人谋而不忠乎"，并非只是指代对君王、社稷的忠。事实上，如果"忠"的含义就是忠君的话，孔子和弟子们是不会讲的，因为孔子对于所提倡的事一般他自己会先做到，即"先行其言，而后从之"，如果把"忠"理解为忠君，孔子的行为是会被人质疑的，因为他忠于鲁国国君，为此不惜得罪三家权臣，但当时天下真正的君是周天子，忠君应当首先忠于周天子，鲁国国君只是诸侯而已。此处的"忠"指的是忠于自己的志向，即人一旦树立理想之后，就要坚定不移地走下去。求仁之人，对于他人要因势利导，对于君子晓之以义，对于普通人动之以利，目标只有一个——仁，而对于自己则要保持内心的恒定，无论看到什么，自己的信念都不能动摇，对于贤良之事要学习，学习他人的优点，对于不贤之事要反向学习，避免他人的缺点。

第十六章与第十七章加在一起，可以合成马丁·路德的一句话：不择手段，完成最高道德。

现实实践

第十八章至本篇结尾，是在结合当时的社会背景，讲那个时代的人应当怎样去做。前面讲了与人与社会相处的基本方法，那么面对当前的社会现实该怎么做呢？仁者是爱这个世界的，怎么去爱，尤其是当社会出现问题时该怎么爱？还要不要爱？这里的回答很简单——要像侍奉自己的父母一样去做。接下来的几章都在讲与父母相处的问题，让人有些难以理解，前面都在讲仁，这里怎么又讲起孝来了？虽然说孝也可以说是仁的一部分，但还是觉得有些突兀。其实下面几章还是在讲仁，是借父母的名义讲对于国家的态度问题，由于涉及政治方面的问题不太便于明讲，所以就借用了对待父母的态度来阐述。

第十八章在讲春秋时期礼崩乐坏，但我们对待国家仍要像对待父母一样。

【原文】

子曰：事父母几谏，见志不从，又敬不违，劳而不怨。

【试译】

孔子说：侍奉父母时多次劝谏，但其不改变，仍要保持恭敬而不离不弃，为之付出而无怨无悔。

此处的"不违"也是不离不弃之意，而不应理解为不违背。明知父母不对，劝不了也就罢了，如果要不违背那岂不是意味着要按照父母错误的想法去做事？当然不是此意。这种情况下，只要对父母不要离弃就好，另外还可以尽力维护和挽救，但不能盲从。对于自己的父母之邦也是如此，谁都希望自己的国家好起来，也愿意为之付出努力，但如果还是改变不了什么，虽然无可奈何，但对国家的爱还是不能变的，只有心甘情愿地付出与承受。

第十九章讲在这样的情况下是否要考虑离开呢？不应该，除非把离开当作一种方法。

【原文】

子曰：父母在，不远游，游必有方。

【试译】

孔子说：父母健在的时候，轻易不去远方，如果去就一定要有一整套方案。

此处看似讲孝，其实是在讲处世之道，不可随意离开自己的国家，除非是作为一种策略。在齐国对鲁国使用离间计时，鲁哀公与季桓子都为齐国的女乐所迷惑，三日不朝，而且乱了朝政，孔子因此离开鲁国。但孔子走到鲁国边境就停下来了，他并不是真的想走，而是把离开作为一种方法，一方面表明自己反对鲁君与权臣的所为，另一方面是希望国君与权臣能够认识到自己的错误，来请自己回去。此次孔子的出走颇有负气的意味，如果换作宁武子，他可能就不会这么做，甚至可能先陪着一起去看女乐，然后再另想办法解决这个问题。所以孔子谈到宁武子时说"其愚不可及也"，正是慨叹自己还达不到他的水平。

第二十章讲无论去留，对国家的爱不变。

【原文】

子曰：三年无改于父之道，可谓孝矣。

【试译】

孔子说：对待父亲的态度多年不改变，可以称得上孝了。

无论你离开也好，坚守也罢，都要保持内心的"道"，如同孝一样。这句在《学而》篇中曾经出现过，是一章当中的后半句，此处并非因编排疏忽而重复，作者要使用这句话来表达自己的意思。两处出现同样的文字，所表达的内容是不同的。编者此处的意思是对于国家的爱是不应改变的，无论留在这个国家也好，离开这个国家也好，对国家的感情都应当是不变的。

第二十一章讲对社会的现状要有清醒的认识。

【原文】

子曰：父母之年，不可不知也。一则以喜，一则以惧。

【试译】

孔子说：对于父母的年纪，不能忽略，一方面是为他们高兴，另一方面也要警惕可能出现的问题。

社会发展到一定程度，就如同父母年纪大了一样。父母老了会有很多问题，固执、不明事理、乱发脾气，有时老人的脾气和小孩一样，但子女又难以约束父母，所以很头痛。社会也是一样，经过长时间的发展会取得很多成就，但同时也会积累很多问题，这是难以避免的。生活在这个时代的人常常对所处社会又爱又气，恰与年老的父母相似，所以此处在提醒人们如果能用面对父母的心态去面对社会，自然就会知道该怎么去做了。

第二十二章到第二十四章讲要想使社会变好，要脚踏实地做事，而不能空谈。

【原文】

子曰：古者言之不出，耻躬之不逮也。

【试译】

孔子说：古人之所以不轻易讲一堆大道理，是怕自己不能达到。

社会问题的形成主要在于仁的缺失。社会在发展过程中，政治、经济、科技、文化都得到很大的发展，但仁的品质却被逐渐忽略。仁有利于个人，有利于国家，可为什么整个社会不能坚守呢？主要是由于仁的传承是很难的。一般的理论学说可以借助语言和文字进行传播，但仁的传播却不是靠语言文字就可以的。前面我们讲过对仁的判断要"视其所以，观其所由，察其所安"，要全面察看一个人的行为，才能发现仁的品质，难度已经非常大了，而传播难度更大。前面讲过传播仁的方法是"君子喻于义，小人喻于利"，但无论是"喻于义"还是"喻于利"都不是简单几句话就可以让人相信的，需要言传身教。只有你做到了，别人才会感受到什么是仁，才会接纳你的观点。所以虽然很多先贤已经悟到了仁的境界，知道该怎么去做，但他们却也很难教给别人。

【原文】

子曰：以约失之者鲜矣。

孔子说：注意约束自己就很少会出现过失。

为了防止出现不能证明自己观点的情况，就要加强自我约束。失可以理解为过失，此处联系上文指的是言之有失。"言之不出"就是约的表现，因为知道自我约束才会少犯过失，所以不轻易发表观点。现代人常常很愿意表达自己的观点，尤其是受到西方文化的影响，许多人的行事风格从传统的含蓄内敛变得开放外向。应当说，两种文化风格各有千秋，并非一定要选择哪一种，选择哪种都可以，但无论选择哪种都要真正地去了解其文化的内涵，因为东方人的行事风格有东方的用法，西方人的行事风格有西方的用法，我们不光要了解这种行事风格的体，更要知道它的用。

【原文】

子曰：君子欲讷于言而敏于行。

【试译】

孔子说：君子尽量保持言语谨慎而积极努力地去做事。

基于这样的思想，先贤们普遍形成了一种谦虚低调的风格。孔子本身就是这么做的，我们不要看《论语》中记载了孔子的很多观点，孔子本身又是当老师的人，就认为他常常会把自己的观

点讲出来，其实并非如此。《论语》所记载的是孔子一生当中的重要言行，我们把它集中起来看感觉他说了很多，其实分散到孔子七十多年的生活中并不多，而且这些内容多数是给别人答疑解惑时的话语，算不上是孔子的言论。孔子并没有轻易提出一套观点或理论，真正可以称得上孔子之言的就是《春秋》，但他也知道观点一旦表达出去问题就来了，所以说"知我者春秋，罪我者春秋"。孔子讲过"予欲无言"之语，说明孔子其实也是提倡"不言之教"的。

第二十五章讲言论其实不重要，关键在于树德。

【原文】

子曰：德不孤，必有邻。

【试译】

孔子说：只要我们的德行没有脱离大家，自然会遇到志同道合之人。

仁的传承如此之难，那么是不是说我们民族这种仁的品质慢慢就要遗失了？不会的，仁的传承虽然不易，但总会有人坚守，这样的品质是一定能够传承下去的。

第二十六章在讲仁的传承最大的难度在于始终如一。仁不是可以时有时无的东西，有的人有志于仁，可一受到现实的压力、利益的引诱或仇恨的影响就放弃了，等这些因素消除后又会想要追求仁，这样的人很难达到仁的境界。

【原文】

子游曰：事君数，斯辱矣；朋友数，斯疏矣。

【试译】

子游说：多次侍奉君主，这本身就是一种耻辱；友人之间时分时合，这说明他们已经疏远了。

"数"指多次，有人把"事君数"解释为侍奉君主过于烦琐，未尽准确，一般臣子接触君主的机会是非常有限的，即使想烦琐也是难以做到的。这句话的意思是指多次侍奉君主，如一时受宠，一时失宠，再次受宠、失宠，这种情形确实本身就可以算是一种耻辱了。后一句中"朋"是动词，指建立（友好）的关系，"友"是名词，指有共同目标的人。与一个人多次建立友好的关系，意思是说友人交往一段以后关系不那么好了，后来再次建立这种关系，多次反复建立就是"朋友数"。此处引用子游的话目的不是在讲事君之术或朋友之道，而是在比喻说明有人想追求"仁"，但却不能做到始终如一，此时"仁"就是"君"。

这是非常普遍的现象，有的人听到别人讲"仁"，觉得很好，马上就立志去学，可是生活中一遇到利益之争就先把自己所追求的"仁"放在一边，先去争取自己的利益，争取完利益以后又想起了"仁"再继续去学，这种情形就属于"事君数"，如果不能做到始终如一，那也就不能真正达到仁的境界。

《公冶长》篇图解

论知人

何谓知人

真正的了解
- 子谓公冶长：可妻也。虽在缧绁之中，非其罪也！以其子妻之。
- 子谓南容：邦有道不废，邦无道免于刑戮。以其兄之子妻之。

评价优点
- 子谓子贱：君子哉若人！鲁无君子者，斯焉取斯？
- 子贡问曰：赐也何如？子曰：女器也。曰：何器也？曰：瑚琏也。
- 或曰：雍也，仁而不佞。子曰：焉用佞？御人以口给，屡憎于人。不知其仁焉用佞？
- 子使漆雕开仕。对曰：吾斯之未能信。子说。

评价不足
- 子曰：道不行，乘桴浮于海，从我者其由与？子路闻之喜。子曰：由也，好勇，过我，无所取材。
- 孟武伯问：子路仁乎？子曰：不知也。又问。子曰：由也，千乘之国，可使治其赋也，不知其仁也。求也何如？子曰：求也，千室之邑、百乘之家，可使为之宰也，不知其仁也。赤也何如？子曰：赤也，束带立于朝，可使与宾客言也，不知其仁也。
- 子谓子贡：女与回也孰愈？对曰：赐也何敢望回？回也闻一以知十，赐也闻一以知二。子曰：弗如也，吾与女弗如也！

如何知人

评价原则
- 宰予昼寝。子曰：朽木不可雕也，粪土之墙不可杇也。于予与何诛？子曰：始吾于人也，听其言而信其行；今吾于人也，听其言而观其行。于予与改是。
- 子曰：吾未见刚者。或对曰：申枨。子曰：枨也欲，焉得刚？
- 子贡曰：我不欲人之加诸我也，吾亦欲无加诸人。子曰：赐也，非尔所及也。
- 子贡曰：夫子之文章，可得而闻也；夫子之言性与天道，不可得而闻也。子路有闻，未之能行，唯恐有闻。

观察优点
- 子贡问曰：孔文子何以谓之文也？子曰：敏而好学，不耻下问，是以谓之文也。
- 子谓子产：有君子之道四焉：其行己也恭，其事上也敬，其养民也惠，其使民也义。
- 子曰：晏平仲善与人交，久而敬之。

观察缺点
- 子曰：臧文仲居蔡，山节藻棁，何如其知也？
- 子张问曰：令尹子文三仕为令尹，无喜色，三已之无愠色，旧令尹之政必以告新令尹。何如？子曰：忠矣。曰：仁矣乎？曰：未知，焉得仁？崔子弑齐君，陈文子有马十乘，弃而违之。至于他邦，则曰：犹吾大夫崔子也。违之。之一邦，则又曰：犹吾大夫崔子也。违之。何如？子曰：清矣。曰：仁矣乎？曰：未知，焉得仁？
- 季文子三思而后行。子闻之，曰：再，斯可矣。

社会之需
- 子曰：宁武子，邦有道则知，邦无道则愚。其知可及也，其愚不可及也。
- 子在陈，曰：归与！归与！吾党之小子狂简，斐然成章，不知所以裁之。
- 子曰：伯夷、叔齐不念旧恶，怨是用，希。
- 子曰：孰谓微生高直？或乞醯焉，乞诸其邻而与之。
- 子曰：巧言、令色、足恭，左丘明耻之，丘亦耻之。匿怨而友其人，左丘明耻之，丘亦耻之。

做人选择
- 颜渊、季路侍。子曰：盍各言尔志？子路曰：愿车马、衣轻裘与朋友共，敝之而无憾。颜渊曰：愿无伐善，无施劳。子路曰：愿闻子之志。子曰：老者安之，朋友信之，少者怀之。

自知
- 子曰：已矣乎！吾未见能见其过而内自讼者也。
- 子曰：十室之邑，必有忠信如丘者焉，不如丘之好学也。

公冶长第五

《公冶长》至《述而》三篇讲人才方面的问题，分别讲知人、用人和育人。《公冶长》篇讲"知人"的问题，共讲了五个问题：何谓知人、如何知人、社会需要什么样的人、该做怎样的人及自知之明。

何谓知人

第一章到第九章讲"知人"的态度。

（一）知人是对一个人真实的看法

第一章与第二章在讲"知人"不是对人一般性的评价，而是指真正的了解。

【原文】

子谓公冶长：可妻也。虽在缧绁之中，非其罪也！以其子妻之。

【试译】

孔子评价公冶长：这个人可以嫁给他。虽然被关进监狱，但并不是因为他有罪。孔子把自己的女儿嫁给了他。

公冶长字子长，是齐国人，他因何事入狱历史上并无记载。作为老师，在弟子坐牢的情况下能为其说句公道话就已经不错了，孔子还将女儿嫁给他，可见他用自己的行动表明公冶长坐牢并不影响他的德行，说明孔子的认可是真正的认可。这一章的点睛之笔是最后一句，人说了什么不重要，做了什么才重要。

【原文】

子谓南容：邦有道不废，邦无道免于刑戮。以其兄之子妻之。

【试译】

孔子评价南容：在好的社会环境中会有所成就，在不好的社会环境中能够免受灾祸。孔子把自己哥哥的女儿嫁给了他。

南容名南宫适，字子容，人非常优秀，孔子对这位学生评价很高。人都会称赞别人，即使心底里并不认可，但出于礼貌也会称赞别人，这是我们中国人的一贯作风。但这样一来，人们就很难知道所听到的是称赞还是客套。尤其是作为老师，对于弟子可能会为了鼓励而赞赏，也可能为了激励而贬低，所以其评价未必会令外人相信。而此处所举的例子表明孔子对于弟子的评价不是口头上的，而是行动上的，行动可以证明其评价是真心的。

（二）关于优点的评价

第三章到第六章讲孔子对于弟子优点的态度。

1. 孔子对弟子的优点从不吝啬赞美

【原文】

子谓子贱：君子哉若人！鲁无君子者，斯焉取斯？

【试译】

孔子评论宓子贱：这个人是个君子啊！如果鲁国没有君子，这里怎么会有这样的人呢？

宓子贱，名不齐，比孔子小三十岁。他曾经到单这个地方做官，治理得很好。《论语》中记载了较多孔子对于弟子不足的评述，那是不是说孔子是个吹毛求疵的人呢？不是的，孔子只是实事求是地指出弟子的不足而已。而对于弟子的优秀，孔子从来都是不吝赞美的。

2. 孔子并不随意赞美

【原文】

子贡问曰：赐也何如？子曰：女器也。曰：何器也？曰：瑚琏也。

【试译】

子贡问道：我这个人怎么样？孔子说：你好比是一个器皿。子贡又问：是什么样的器皿？孔子说：可置于庙堂之上的玉器——瑚琏。

子贡觉得自己的学问各方面都已经很不错了，所以请老师给予评价。人常常会想知道别人对自己的评价和看法，这是正常人的心态，但从做学问的角度来说，这属于"有我"的心态，修为还不够，孔子"绝四"其中之一就是"毋我"。即使你想知道别人对你的评价，也不应主动去问，而要等待时机。"有我"的境界已需进一步提高；主动向别人发问，层次又降了一层；在老师评价之后再次追问，则再降一层。

子贡是弟子中非常优秀的，世人对于子贡相当认可，在当时有人认为子贡比孔子还优秀。对于这么优秀的一个弟子，要想找到他的优点称赞几句是非常容易的，但是孔子并没有。孔子对子贡的评价首先是让子贡不满意的，因为"君子不器"，孔子说他"器"，即其尚未达到君子的境界。孔子告诉他虽然你的学识能力都不错，但定位还是低了，把自己固化了，指出他最大的问题。但孔子也讲，子贡虽然是"器"，但并非一般之"器"，是"器"中上品。这个例子意在表明，孔子虽然会真心赞美弟子，但并不盲目跟从世俗的看法。

3. 孔子的评价不随波逐流

【原文】

或曰：雍也，仁而不佞。子曰：焉用佞？御人以口给，屡憎于人。不知其仁焉用佞？

【试译】

有人说：冉雍这个人，品德可称得上仁，但口才不够好。孔子说：他哪里需要那么好的口才呢？管理别人只靠口舌之利，时间长了会被人憎恶。你不了解冉雍的仁到了什么境界，这样的境界哪里还需要依靠口才呢？

冉雍之才是君王之才，因此孔子对他的评价是从这个角度上来说的。对君王来说，治理国家最主要的是仁德，否则如果只是口才很好，能够把不好的事情说得很好，把不对的事情说得似乎很有道理，那百姓可就要受苦了。有人把"不知其仁焉用佞"译

为"我不知道他的仁，但他不需要太好的口才"，意为孔子谦虚地说自己的弟子虽然还没达到仁的境界，但并不太需要好口才的辅助。这恐非孔子本意，因为孔子认为冉雍有君王之才，充分认可冉雍的仁，包括此处谈论冉雍的那个人也认为冉雍够得上仁，但还欠缺好的口才。而孔子告诉他，如果冉雍达到了仁的境界，已经不再需要太多口才方面的技巧了。此处的"不知其仁"是说对方的，意思是"你还没有真正了解他的仁"。此处举冉雍的例子是从另一方面说明孔子对弟子的评价不随波逐流。别人都认为口才不好是冉雍的不足，而孔子知道这对冉雍来说并不算缺点。

4. 孔子的看法经得起实践检验

【原文】

　　子使漆雕开仕。对曰：吾斯之未能信。子说。

【试译】

　　孔子委派漆雕开去做官。漆雕开认真回答说：我对此还没有信心。孔子很高兴。

　　"说"同"悦"。漆雕开字子开，是孔子的弟子。普通人都想做官，他能在官位送上门的时候主动拒绝，修养虽不能说已经达到伯夷、叔齐的境界，也很难得了。此处举这个例子，是因为前面讲到了大家都认为子贡很优秀，但孔子认为其不够优秀；别人认为冉雍有缺点，孔子认为那不是缺点。那么孔子的看法对不对呢？实践是最好的证明，此处即是证明。孔子知道漆雕开不愿意做官，而漆雕开的行为确实反映了不愿做官的性格，证明孔子看人是很准的。

（三）关于缺点的评价

第七章到第九章在讲孔子对于弟子不足的态度。

1. 孔子了解弟子的不足

【原文】

子曰：道不行，乘桴浮于海，从我者其由与？子路闻之喜。子曰：由也，好勇，过我，无所取材。

【试译】

孔子说：如果正义施行不了，只能乘木筏去海上漂泊，能和我一起去的不就应当是子路吗？子路听了很高兴。孔子说：子路这个人，崇尚勇力，自我意识过强，没有什么大用处。

"好勇过我"一语，前人多将其解释为"好勇超过了孔

子"，这一解释似有不当，孔子为什么会用自己来和子路的性格比较呢？孔子是想说自己也很勇，但子路更勇？孔子的性格温、良、恭、俭、让，这种性格的人是不会随便拿自己来和别人比的。且孔子的性格与子路的性格完全不一样，二者也不具有可比性。"好勇""过我"是两方面的意思。"好勇"是说子路崇尚勇，从子路的行为也可以看出。卫国发生内乱的时候，别人唯恐避之不及，而子路却毫不畏惧，冲了进去，确实可担得上这个"勇"字。"我"在这里的意思是"自我"的意思，"过我"即"过于自我"之意。子路的自我之心太重，在卫国之乱中临死时要求把帽子戴正，对形象的看重超过了生命。"好勇，过我"是说子路太过于崇尚勇力，又过于以自我为中心，这样的人难堪大用。此处以子路为例，说明孔子对弟子的不足也是充分了解的。

2. 在外人面前并不讳言弟子的不足

【原文】

孟武伯问：子路仁乎？子曰：不知也。又问。子曰：由也，千乘之国，可使治其赋也，不知其仁也。求也何如？子曰：求也，千室之邑、百乘之家，可使为之宰也，不知其仁也。赤也何如？子曰：赤也，束带立于朝，可使与宾客言也，不知其仁也。

【试译】

孟武伯问道：子路可以称得上仁吗？孔子说：不知道。孟武伯又请他详细说一下。孔子说：子路呢，对于一个千乘之国来说，可让他负责军事和税赋，但没看到他达到仁的境界。孟武伯又问：冉求如何？孔子说：冉求呢，对于一个千室之邑或者百乘之家，可以做政务主管，没看到他达到仁的境界。孟武伯再问：公西赤怎么样？孔子说：公西赤呢，可以穿着朝服站在朝堂之上，负责与他邦使臣交谈，没看到他达到仁的境界。

通常外人问起，老师都会夸奖自己的弟子，而对弟子的不足有所隐瞒，但孔子并不这样做。有人认为由于对方是孟武伯，这个老板有问题，孔子不想让弟子去为他做事才这样说，但是如果换一个人来问，假设是鲁哀公问孔子，难道孔子对于弟子的缺点就不讲了吗？应该不会，其回答是不会变的。此处举这个例子就是说明孔子对弟子的不足是很坦然的，人都有不足，何必遮遮掩掩呢？

3. 对于弟子本人亦不回避

【原文】

子谓子贡曰：女与回也孰愈？对曰：赐也何敢望回？回也闻一以知十，赐也闻一以知二。子曰：弗如也，吾与女弗如也！

【试译】

孔子问子贡说：你和颜回谁更强？子贡正式回答道：我哪里敢和颜回相比？颜回听到一分可以知道十分，我最多只能懂两分而已。孔子说：是比不上啊，我和你都比不上他。

单独看这一章，会让人感觉孔子的发问似有不当之处，因为这种问法让子贡没得选择。子贡不可能说自己比颜回强，而只能承认自己不如颜回。但子贡的回答确也谦虚而不虚伪，有君子风范。人出于礼貌，都会讲别人比自己强，但要能实实在在地说出别人的优点，那才是真正的谦虚，否则就只是客套。此处举这个例子，是在讲孔子如何引导弟子直面自己的不足，孔子自己就能够面对自己的不足，坦然承认自己也不如颜回，身教胜于言传。

如何知人

第十章到第十九章在讲该如何去评价一个人。

（一）评价方法

第十章到第十三章讲评价他人要有科学的方法。

1. 表面上的问题不一定是问题

【原文】

宰予昼寝。子曰：朽木不可雕也，粪土之墙不可杇也。于予与何诛？子曰：始吾于人也，听其言而信其行；今吾于人也，听其言而观其行。于予与改是。

【试译】

宰我白天睡觉。孔子说：烂了的木头不可再用于雕琢，质量不好的墙粉刷得再漂亮也没有用。对于宰我我又何必去批评呢？孔子说：以前我对于别人，听他的话语就相信他能做到；现在我对于别人，听他的话语之后还要考察他的行为。我正是从宰我这里改为这样。

宰我身体不好，所以才在白天睡觉。孔子对此是清楚的，所以他讲既然宰我的身体状况不允许，那就不能对其要求过高。"朽木不可雕也"一句并不是在批评宰我，孔子"温、良、恭、俭、让"，哪会随便张口就指责别人呢？白天睡觉给人感觉是偷懒，算是缺点，但对于宰我来说则不同。此处举这个例子，意思是对于有些表面上看起来很明显的缺点，如果真正了解其原因，就会知道那并不应当算作缺点。

2. 看不到问题并非没有问题

【原文】

子曰：吾未见刚者。或对曰：申枨。子曰：枨也欲，焉得刚？

【试译】

孔子说：我没有见到真正可以称为刚的人。有人回答说：申枨。孔子说：申枨有欲望，哪里能做到刚呢。

《论语》关于回答君王问题时用的都是"对曰"，表明态度非常正式。此处也使用了"对"字，表明回答问题的人是经过仔细考虑的，回答非常正式。回答问题的人是谁，《论语》中没有写，应当是孔子的弟子，他对同学们都很了解，在心中对各位同学进行了一番比较，最后提出了申枨这个人。既然是孔子的弟子，为什么不写名字，而只用了一个"或"来代表呢？应该不是记载的人记不清了，因为连态度都记得这么清楚，不可能不记得是谁说的。此处可以看出《论语》不记载无用的信息，即使回答问题的人是子路，这个身份没有意义，那也不作记载。关于申枨这个人，并没有详细记载，有人说他是申续，有人说他就是《史记·仲尼弟子列传》中的申党。

此处举这个例子，是在讲要善于去发现。人的品质是内在的，判断内在的品质要靠外在的表现，但并非所有的品质都会明显地表露出来，要从各个方面去考察人的品质。发现是一种能力，对于申枨，弟子们普遍认为他具有"刚"的品质，这应当缘于申枨平时的表现。对于"刚"的品质，弟子们所观察的是其行为中"刚"的表现，而孔子并不是这样，他所考察的是"欲"的方面。无欲则刚，如果一个人在金钱、权力等任何一方面欲望比较强烈，那就难以抵制来自这方面的诱惑，一旦面临诱惑便会屈身事之。正如孟子所言：乡为身死而不受，今为宫室之美为之；乡为身死而不受，今为妻妾之奉为之；乡为身死而不受，今为所识穷乏者得我而为之，是亦不可以已乎？此之谓失其本心。

3. 不可脱离实际

【原文】

子贡曰：我不欲人之加诸我也，吾亦欲无加诸人。子曰：赐也，非尔所及也。

【试译】

子贡说：我不希望别人强加给我的东西，我也希望不要强加给别人。孔子说：子贡啊，这不是你所能做到的啊。

孔子为什么这么说？因为我们生活在这个社会当中，有些东西是整个社会的力量强加给你的，而又逼迫你把它强加给别人。虽然你和别人都不喜欢，但却不是你可以摆脱的，这就是社会的力量。此处举这一例子，意在讲对优点与缺点的界定都不能脱离社会现实，不可求全责备，过于理想化，以完美的要求去衡量别人。人在评价他人时，容易只看这个人自身的行为，只注重这个人的"元"，而《论语》从来都认为"亨"比"元"更重要，不要单独去看行为，而要看在社会环境下的行为，这样才能作出准确的评价。

4. 但并非降低标准

【原文】

子贡曰：夫子之文章，可得而闻也；夫子之言性与天道，不可得而闻也。子路有闻，未之能行，唯恐有闻。

【试译】

子贡说：夫子的言论与行为，是能够听得到的。但夫子关于性与天道的论述，却是很难听得到的。子路曾经听到过，但却无法施行，以至于他很怕再次听到。

这一章前人通常将其分作两章，但这就会使后面一章看起来不知所云。"唯恐有闻"中的"有"同"又"，关于后面一句话，前人通常解释为子路听到一个道理，不去施行，生怕错过别的道理。这一解释似乎在逻辑上存在一些问题，因为任何人都不可能仅仅是听而不去实践，子路不可能始终处于听老师教诲的状态。而如果理解为子路害怕老师教诲，那就干脆不要跟随老师学习了，似也不通。这两句话是紧密相连的，不能分开来看。

此处的"文章"并非我们现在所指代的文字作品，事实上，能称为孔子作品的是比较有限的，主要就是"五经"，《诗》《书》《礼》《易》《春秋》，此处子贡所说的文章不仅是指"五经"，那些美好的言语、思想、行为、举动、待人、处世等表之于外的都可以叫作文章。如果细分，"文"此处指孔子平时的一些言论及其所修编的五经等，"章"是章法，即孔子的行为方式。所以此处的"文章"并不是指孔子写了什么文字作品，而是指孔子的为人处世。包括我们在《论语》中所读到孔子的许多言行，都属于"夫子"之文章的范围，如"入太庙，每事问"等等。

为什么孔子的"性与天道"之言是"不可得而闻"的呢？有人可能会认为，孔子博大精深，他只能教给学生们一部分，而不是全部。但是大家别忘了，在《论语》中孔子可是说过"二三子，吾无隐乎尔"的，他对弟子们可是没有保留的，难道这两句话之间有矛盾吗？虽然这两句话出现在不同的篇次当中，可能由不同的人来编纂，但《论语》一定是经过统一核稿的，编纂者不

公冶长第五

知人

159

会简单地各自为政。又或是因为"子不语怪力乱神",所以他不讲"性与天道"?这也不对,因为"怪力乱神"和"性与天道"比起来层次相差得太远了。

这两句话到底是什么意思呢?"性与天道"就是生命和宇宙的问题,属于形而上的范畴,合在一起可以称为"道"。"道"分为两个部分,自身的问题即性,外部的问题即天,所以性与天道即道也。道是"不可言"的,不是不讲,是不该讲,也没有办法讲。道是靠悟的,不是靠教的,即使是孔子也没有办法教。所以对于这些内容,通常孔子是不讲的,尤其对孔子的大多数弟子来说,孔子知道不该讲,这些东西要靠他们自己去悟。但是对于子路是不同的,因为他的性格有问题,所以孔子希望能够帮助他提高这方面的认识,以改变他的性格,因此曾经给他勉强讲了一些。但子路听不明白,也接受不了,更无法实践,搞得像邯郸学步一样,连原来的行事方式也不会了,所以他才会很怕再次听到。所以"子路有闻"的对象就是"性与天道","未之能行"的也是这方面的道理,其"唯恐有闻"的还是"性与天道"。如果是讲兵法,凭子路对军事的兴趣,一定学起来孜孜不倦,怎么可能"唯恐有闻"呢。这里讲的是子路最大的问题,他是一个性格有缺陷的人,孔子想帮助他改正他却不肯受教,这样的问题是人最大的不足,"过而不改,是谓过矣"。

此处举这个例子,是在讲虽然我们评价一个人的时候不能脱离实际,但不脱离实际并不意味着要屈从于世俗的眼光,而是可以提出更高的标准，否则社会将难以进步。

（二）要善于发现优点

第十四到第十六章讲人的优点。此处关于优点的三个方面与《学而》篇中学的目标是对应的，与下文中关于不足的三个方面也是对应的。

1. 自身修为好

【原文】

子贡问曰：孔文子何以谓之文也？子曰：敏而好学，不耻下问，是以谓之文也。

【试译】

子贡问孔子说：孔文子为什么可以用"文"为谥号？孔子说：聪敏好学，谦虚地向别人请教，所以谥号为"文"。

孔文子是卫国的大夫孔圉，"文"是他的谥号。历史上能获谥"文"是对人极高的评价，所以子贡才有此一问。关于"不耻下问"一语，前人一般都认为是指不耻于向地位或学问不如自己的人请教，这样理解似乎有一个问题，对于那些做不到"不耻下问"的人，是不是在向别人请教之前都会先比较一下，看对方是

否比自己强，如果对方在地位或学问上高于自己就请教，否则就不请教了，因为耻于"下问"。其实"下问"是一种态度，做学问的态度，而其中的"下"并不必然代表双方之间的地位或学问之间的差异，而是一种姿态或心态，放下身段向别人请教，其在问的时候把自己置于很低的位置，说明其态度很谦虚，无关对方身份和地位的高低。

2. 对社会有贡献

【原文】

子谓子产：有君子之道四焉：其行己也恭，其事上也敬，其养民也惠，其使民也义。

【试译】

孔子评论子产：有君子的品格，可以归纳为四点，他自身性格谦和，侍奉君主很恭敬，供养百姓使其受益，驾驭百姓时恪守自己的责任。

子产是郑国的执政大臣，孔子对他评价甚高。此处孔子对他的评价与《学而》篇中对于"道千乘之国"之人的标准是高度一致的——"敬事而信，节用而爱人，使民以时"，而且还加上自身谦和的特点，确实是良臣的典范。

3. 真正融入社会

【原文】

子曰：晏平仲善与人交，久而敬之。

【试译】

孔子说：晏子善于与人交往，时间越久越令人尊敬。

晏子名婴，字平仲，是齐国大夫，先后辅佐过齐国三代君主都很受重用。他有很多优点，能力水平很强，在出使楚国时立下大功；忠君爱国，齐庄公被崔杼杀死，他冒着生命危险进入崔杼家中伏尸而哭，礼成而去；善于识人用人，把自己的车夫培养成为大夫。而对于这些优点，《论语》都没有讲，其对晏子最赞赏的是他的与人交往。此处虽然引用的是孔子对晏子的评价，但并不表明孔子对晏子只认可这一点。孔子在齐国住过一段时间，与晏子有过交往，相互之间都比较了解。晏子认为孔子并不能真正帮助齐国强大起来，所以不建议齐景公启用孔子，但孔子并不怨恨晏子，因为他是在为国家考虑，大家只是意见有分歧而已。孔子对于晏子其他方面未必就不赞成，《论语》没有记载那些内容是因为不需要使用那些内容，因此只引用了孔子关于晏子善于交往的评价。

这里所举的三个例子，分别针对修为（元）、做事（利）、

交往（亨），把这三个方面的优点（贞）都讲出来，意在表明对于别人的优点，主要可以从自我修为方面、治国理政方面以及与人交往等三个方面进行考察。

（三）也要能够看到不足

第十七到第十九章讲缺点问题，由于使用的都是外人的例子，所以在度的把握上就很重要。孔门始终秉承"恶言人之恶"的理念，所以在讲别人不足的时候是非常注意的。

1. 自身修为不够

【原文】

子曰：臧文仲居蔡，山节藻梲，何如其知也？

【试译】

孔子说：臧文仲为玳瑁盖了一间屋子，装修得非常奢侈，哪里符合他的智慧呢？

臧文仲是鲁国的大夫，姓臧孙，名辰。蔡指的是玳瑁，也就是大乌龟的壳，古人用于占卜。臧文仲得到了一个大的玳瑁，觉得很珍贵，就把它收藏起来，而且为它盖了一间屋子，如此奢侈的做法是不应该的。老子言：不尚贤，使民不争；不贵难得之货，使民不为盗。此处有批评臧文仲之意，但如同前面批评管仲一样，语气很委婉，说其做法与其智慧不匹配，不符合他应有的层次，体现了"恶言人之恶"的理念。

2. 未能在社会上真正发挥作用

【原文】

子张问曰：令尹子文三仕为令尹，无喜色，三已之无愠色，旧令尹之政必以告新令尹。何如？子曰：忠矣。曰：仁矣乎？曰：未知，焉得仁？崔子弑齐君，陈文子有马十乘，弃而违之。至于他邦，则曰：犹吾大夫崔子也。违之。之一邦，则又曰：犹吾大夫崔子也。违之。何如？子曰：清矣。曰：仁矣乎？曰：未知，焉得仁？

【试译】

子张问道：令尹子文多次出任令尹，没有喜形于色，多次被免也没有表现出不高兴，原来的政务都一定告诉接任的令尹，怎么样？孔子说：可以称得上忠。子张问：算得上仁吗？孔子说：他还不知道什么是仁，哪里能达到仁的境界？

子张又问：崔杼杀死了齐庄公，陈文子有十辆马车，全都抛下而离开。到了别的国家，就说：这里的人和我国大夫崔子一样。再次离开。又到了另一个国家，又说：这里的人还是和我国

大夫崔子一样。又一次离开。怎么样？孔子说：可以称得上清。子张问：算得上仁吗？孔子说：他还不知道什么是仁，哪里能达到仁的境界？

令尹子文是楚国的名相，姓斗，名谷于菟。他在楚国做了二十八年令尹，其中几次被免，但均无怨言，能做到这一点已经非常不容易了。但是为什么孔子说他最多只能算是忠，还谈不到仁，因为其做法对楚国和百姓并没有什么真正的意义，只是成就了自己的名声而已。此处的"未知"，孔子表面上的意思是"我不知道"，而实际的意思是"他不知道"。其实孔子内心对于令尹子文是有负面评价的，但因为他是一个"恶言人之恶"的人，即使内心对别人有意见也不会轻易讲出来，所以只说其修为尚未达到仁的境界。《论语》对他的看法没有在这里直接说，而是分散到其他篇次当中。前文《里仁》篇中已经讲过："事君数，斯辱矣"，反复当官本身就是耻辱，当然还远没有达到仁的境界。他的问题到底是什么呢？《微子》篇中提到"柳下惠为士师，三黜"，柳下惠的情况与令尹子文情况相似，但《论语》对他是赞赏的，认为几次被免的责任不在于他，因为他走的是"直道"。两处相对比，令尹子文之所以成为反面典型，问题就是他缺少柳下惠那种"直"的品格，所以，结合后文来看，令尹子文的问题就是不"直"。《论语》的这种安排，使得人们单独看这一章的时候，似乎是在夸赞令尹子文，其虽未达到仁的境界，但表现也已经非常不错了。可如果结合前后文来看，就知道实际是在批评他，可见其安排之妙。两个例子相隔这么远，就是不想把对人的批评表现得太明显。《论语》对孔门以外之人的缺点不得不说的时候，会尽量说得隐晦一点。这也体现了《论语》的言行合一。如果一方面讲"恶言人之恶"，同时孔子又带领弟子们对别人毫不客气地指责，那就出现矛盾了。这就如同汉伏波将军马援写信给两个侄子的时候，告诉他们不要说别人的坏话，信中提到了侄子们的两名上司，对他们都是正面评价，没有一句批评，但其实他们上司有哪些毛病侄子们都是清楚的，可是马援一字不说，这就是身教。

谈到陈文子时涉及当时的两个事件。第一个事件是崔杼弑君，崔杼是齐国的权臣，他杀了齐庄公，臣子杀害自己的君主，被认定为"弑"，说他是犯上作乱。崔杼为什么要杀庄公呢？是因为庄公与崔杼之妻私通，还把崔杼的帽子拿去送人，羞辱了崔杼，后来在崔杼的家中被杀。在这个事件当中，庄公也存在明显的过错，但不管怎样，以下犯上就是不对，所以先把此事定性为"弑君"，但对崔杼又称为"崔子"，这一称呼似又表达了对崔杼的客气。第二个事件是后来的田氏代齐。陈文子即田文子，是一名阴谋家，他的后代篡夺了齐国。崔杼弑君后，陈文子抛弃了自己原本在齐国的财富与地位，跑到别的国家，孔子就事论事认为他最多可以称得上"清"，但对于"仁"，他却根本够不上，因为他的做法也只是成全自己的名声，对国家和百姓没有任何帮助。崔杼弑君后，晏子孤身进入崔府，冒着生命危险，枕尸而哭，礼成而去。而陈文子呢，在齐国有较高的地位，但既不自己为庄公报仇，逃亡他国也没有请求哪个国家出兵为庄公报仇，仅仅是为了表明自己的清高，同时坏崔杼的名声，最终崔杼一家未得善终，而田家得到了齐国，陈文子只是在耍阴谋，走的也不是"直道"，所以孔子说陈文子连仁是什么都还不知道，怎么能达到仁的境界呢？孔子对于田家的阴谋是看得很清楚的，后来田常在齐国掌权时要攻打鲁国，子贡游说田常时就直接指出他出兵的目的并不是为了强大齐国，而是要巩固自己家族在国内的地位，所以劝他与更为强大的吴国开战，以此来控制齐国的政权。最终齐国败给了吴国，而田家却因此而受益，掌控了齐国的大权，最终谋夺了齐国。跟对令尹子文的态度一样，对于陈文子的问题，孔子也没有说出来，但《左传》等书已经把田家的事记下来了，在编纂《论语》的时候，大家已经都知道田家是怎样的了，所以已经不用再讲他的问题了。

3. 对社会风气影响不好

【原文】

季文子三思而后行。子闻之，曰：再，斯可矣。

【试译】

季文子做事都要思考三次才付诸实施。孔子听到了，说：思考两次就可以了。

季文子是鲁国的大夫，姓季孙，名行父。我们常说做事情要深思熟虑，但孔子却认为想得太多并不好，这是为什么呢？对于像季文子这样的人来说，能力水平较高，社会经验丰富，他要做一件事，首先会考虑它的必要性、可行性、具体如何操作等等。这些事情都想过一遍之后，再全面考虑一遍看有无漏洞。再继续想下去，常常想的就不是事情本身了，可能就是考虑自身的得失、对自己有没有好处等，有些阴谋的味道，这并不是君子所为，如果大家都这样，整个社会风气就变坏了。但这里要注意，孔子说的对象是季文子这样的人，对于不谙世事的年轻人来说，并不能简单地因为有孔子此言，做事只考虑两次就付诸行动，那可能也是不行的。

以上连续讲了三个人，问题都是"不直"，令尹子文与陈文子的"不直"是其行为，而季文子的"不直"是其思想，即外在与内在的"不直"都讲到了，足见孔子对于"直"这一品格的重视，所以本篇下文中才重点讲了"直"的问题。

既然"恶言人之恶"，那么为什么要把这么多别人的缺点拿来说呢？因为文章写到这里，需要有实例来说明问题，而这些例子则是较为合适的。而此处所讲的三个方面的缺点其实都是与社

会风气相关的，这也是孔子所非常注重的问题。此处三章结合前面孔子对于孔文子、子产、晏子三人的赞赏，也正好印证了前文中"唯仁者能好人，能恶人"的观点。

社会需要什么样的人

第二十章到第二十四章讲社会需要怎样的人才。前三章以宁武子、孔子、伯夷、叔齐代表三种人才的境界，而后两章则在强调人才的关键品质。

第二十章讲第一流的人才——大隐隐于朝。

【原文】

子曰：宁武子，邦有道则知，邦无道则愚。其知可及也，其愚不可及也。

【试译】

孔子说：宁武子这个人，国家有道表现得很聪明，国家无道则表现得很愚钝。他的聪明别人或许可以达得到，他的愚钝却是难以达到的。

170

宁武子，名俞，是卫国的大夫。能臣干吏一般都能够在国家政治清明时做出一番成就，但在国家政治混乱的时候，则不一定能很好地发挥作用，辞官、放逐甚至被迫害都是常有的事。而宁武子却能够很好地适应局势，表面看起来碌碌无为，但既能自保，又能够默默地为国家做事，能够挽救一些东西，这才是真正的智慧。此处引用孔子对宁武子的评价，告诉大家第一流的人才是什么样的。

第二十一章讲第二流的人才——中隐隐于市。

【原文】

子在陈，曰：归与？归与！吾党之小子狂简，斐然成章，不知所以裁之。

【试译】

孔子在陈国的时候，说：回去吗？回去吧！我家乡的年轻人豪迈、率真，做事颇有章法，但他们还不知该怎么剪裁。

《史记》中记载孔子是在得知鲁国要迎接他回国时说的这番话。孔子归国之后，鲁哀公等人虽问政于孔子，但最终没有再把治国的实权交到孔子手上，孔子也没有强求，而是一心放在教育上，培养人才，为社会做出了很大的贡献。此处引用孔子欲回

国从事教育时的话，意在说像孔子虽没有以执掌政权的方式直接为国家服务，但积极地为社会培养人才，也是对社会非常有价值的。《论语》虽是孔门的作品，但也并非事事都把孔子作为最高标准。事实上，在这个问题上，孔子确实还没达到宁武子的境界，他是"天下有道则见，无道则隐"，略逊一筹。事实上，如果孔子当初不让齐国的反间计得逞，不离开鲁国，在鲁国司寇的位置上，可以为鲁国所做的事情更多，这就是他与宁武子之间的差距。

第二十二章讲第三流的人才——小隐隐于野。

【原文】

子曰：伯夷、叔齐不念旧恶，怨是用，希。

【试译】

孔子说：伯夷、叔齐具有"不念旧恶"的好名声。把怨这样使用，太少见了。

一般对于这句话的解释是，孔子说：伯夷、叔齐不念旧恶，很少对人有怨恨之心。按《史记》记载，伯夷、叔齐是孤竹君的长子和三子，他们的父亲喜欢叔齐，伯夷为了让位给叔齐，就于父亲去世后主动离开，而叔齐亦不受此位，随即离开。二人前往西岐投奔周文王，但到那里时文王已死，武王兴兵伐纣，兄弟二人扣马而谏未果，进入首阳山，不食周粟而死。二人虽然是孔子所推崇之人，但从行为来看又逊孔子一筹。因为他们既未能很好地服务自己的国家，也未能阻挡武王，只是归隐山林，并未对社会做出什么明显的积极贡献。武王伐纣是不是正义的其实很难讲，子贡对此就说过"天下之恶归焉"的话，即纣王被打败后周人将他过度丑化了，司马迁在《伯夷叔齐列传》中也引用伯夷的歌称武王伐纣为"以暴易暴"。事实上，到商朝末年时，各种社会矛盾已经积累得很深了，不能说都是纣王的责任，武王趁纣王在外征讨、王城守卫空虚之时兴兵伐纣，纣王因回师救援不及才失败。伯夷、叔齐知道武王成功的可能性很大，但并不赞成他这样做，所以用自己的死为后人留下思考的空间。伯夷、叔齐是不念旧恶之人，不肯食周粟并非表达对周王朝的厌恶，而是表达对真理的坚守，故孔子称之为"求仁而得仁，又何怨"，司马迁也在思考其"怨邪？非邪？"

对于这句话，还是有些问题值得思考的。首先，这里的"旧恶"指的是什么？我们可以笼而统之地说谁都会有被人坑害的时候，但是伯夷、叔齐都是王子出身，虽然孤竹国并非大国，但作为王子也是很尊贵的，会有什么人对他们二人施恶行呢？《论语》《史记》中对此都没有记载，难以考证。二人本就是王子，品行俱佳，又不肯争位，互相谦让，本身就很少会和别人结怨，那么又何须通过"不念旧恶"来达到"怨是用希"的效果呢？

"怨"是一种负面情绪（不等于恨），"是"是这样的意思，"用"是使用的意思，"希"同"稀"，是稀少的意思。如果把"怨是用希"断为"怨是用，希"，那么从字面上来看，这句话应当解释为"怨这样来使用，太少见了"。这样解释完全是通顺的，只是有"以小人之心度君子之腹"的嫌疑。

伯夷、叔齐是孔子所推崇的人，被解读成有功利心之人，一定是让人难以接受的，但其实李宗吾先生在《我对于圣人之怀疑》一文中就说过，为什么三代以上有那么多圣人，而三代以后一下就再也没有了，这本身不就是一件奇怪的事吗？其实通过使用"怨"来得到好名声或引领社会风气本身也没什么不好，《老子》云：天下皆知美之为美，恶矣；皆知善，斯不善矣。若没有"怨"，又哪来的"不念旧恶"呢？"怨"本身就是可以拿来用的东西，知道怎么用就是智慧，何必一定把人想象得那么完美呢？

这一部分体现了《论语》的人才观，很多人看到孔子经常提到伯夷、叔齐，就认为那是贤人的代表，但事实上伯夷、叔齐到底为社会做了多大贡献呢？两人本可以"修身、齐家、治国"，却只做到了"修身"，如果这就算第一流的人才，那社会就没有希望了。他们的品质确实比较难得，但并不是最好的。孔子比他们要高出一筹，他心怀天下，一心想复兴礼教，但并非没有提高的空间，他带着那么多弟子周游列国，却不能消除别人对他的疑虑，以至于很多国家都不敢用他，也说明他的智慧尚有不足。而宁武子这样的人才是真正对社会有用的人，在动荡的社会中既不迷失自己，又能为国家做一些事，所以《论语》认为这才是第一流的人才。《论语》的人才观体现了作者的公正性，孔子本身很优秀，《论语》如果想把他塑造成为完人并不难，事实上这一点后世的人已经做到了，但《论语》并没有偏私，对孔子给予了公正的评价。

社会所需要的人核心品质就在于正直。第二十三章与第二十四章从反面讲什么是不正直的人。

【原文】

子曰：孰谓微生高直？或乞醯焉，乞诸其邻而与之。

【试译】

孔子说：谁说微生高很直？有人向他讨一杯醋，他到邻居家里要一杯给人家。

微生高，人们都说他很直，相传他与一名女子约在桥下相会，女子未到他就一直等，涨水了也不离开，最后抱着桥柱淹死了。此处用借醋这样一个小的事例，来阐述什么是"直"。有就是有，没有就是没有，行就是行，不行就是不行，这就是"直"。表面上看，微生高是在想办法帮助别人，但其实不妥，因为这次你借助别人的力量帮助了他，他下次再来要时怎么办？

还去找别人要？不妥。告诉他没有，别人可能会认为你有却不想给，反而更不好。从另外一个角度来说，你对别人有求必应，会让其他人难做，久而久之会使社会风气变坏。所以对待这种情况，最好的办法就是实事求是。这里依然秉持了孔子"恶言人之恶"的理念，尽量不讲别人的缺点，实在没办法了，只讲了"一杯醋"的事。

【原文】

子曰：巧言、令色、足恭，左丘明耻之，丘亦耻之。匿怨而友其人，左丘明耻之，丘亦耻之。

【试译】

孔子说：言语迎合、脸色好看、态度客气通常都是虚伪的表现，左丘明不屑于这样，我也不屑于此；隐藏怨意而与人貌合神离地交往，左丘明瞧不起这种做法，我也瞧不起。

二是虚伪阴险。左丘明是《左传》的作者，与孔子是亦师亦友的关系。由于反面的例子不好举，容易得罪人，即便本人已不在了，但其后人还在，所以就干脆不举例了。而且孔子也很少讲别人的问题，想找他这方面的言论也不容易，所以本篇讲到外人的不足时，都是点到为止，讲到具体人的时候基本上都是"他还没达到一百分，只有九十分"的程度，体现了孔门温良之风。此处这两个例子实际上是说明同一个道理，国家和社会最需要正直的人——"举直措诸枉，则枉者直"。

我们该做什么样的人

第二十四章通过师生之间的一番对话，给出了人生的几种选择。

【原文】

颜渊、季路侍。子曰：盍各言尔志？子路曰：愿车马、衣轻裘与朋友共，敝之而无憾。颜渊曰：愿无伐善，无施劳。子路曰：愿闻子之志。子曰：老者安之，朋友信之，少者怀之。

【试译】

颜回、子路陪在孔子旁。孔子说：何不各自谈谈你们的志向呢？子路说：我愿意把自己的车马、好衣服与志同道合的人分享，全部用掉了也不后悔。颜回说：我希望自己的善不被别人夸耀，也不给别人带来负担。子路说：希望能听听您的志向。孔子说：让老年人得以安顿，志同道合的人相互信任，少年人在关爱下成长。

季路就是子路，他性格比较直，所以老师问的时候他首先发言。子路的志向虽然比较有侠气，不吝啬，但范围有些窄，要那些他看得上的人才行，看不上的就不考虑了。当然，做人做事从自己开始，扩展到身边的人也很不错，不能说这样的志向就不好。子路的意思其实就是要痛痛快快地活一回，跟朋友们享受人生。

颜回的境界则不同。伐是夸耀的意思，颜回的意思是我要做到善，而且是不被人夸耀的善。怎么才能不被人夸耀？最好的办法就是不要让人知道，让人感觉不出来。这就好比扁鹊对于他家三兄弟的比喻。扁鹊说，他家三兄弟都懂医，大哥的医术最高，他能够在别人的病还没有表现出来的时候就发现，然后把他们治好，别人以为他不会看病；二哥的医术其次，他是在别人的病刚有表现的时候就着手，然后把他们治好，别人以为他只会看小病；我的医术最差，常常是在病人病情很明显的时候才进行治疗，所以人们认为我会看大病。其实扁鹊是以三兄弟比喻医术的三种境界，也是国家治理的境界。所谓"为大将者无赫赫之功"，最好的将领应当通过政治、外交、经济、文化等手段解决问题，不让战争发生，而不是在战争中通过斩将杀敌来立功。颜回的第一个目标是希望能够潜移默化地引导人们向善，让别人在不知不觉中向善的方向发展，虽然是我引导的结果，但却让别人感觉不到。颜回的第二个目标更了不起——无施劳。表面上理解，就是说我不施加劳苦给别人，不给别人带来负担，但这个负担却不是简单的劳动方面的负担。颜回是可以传承孔子学问的人，他所讲的都是学问方面，他所谓不给别人带来负担指的是"在学问方面不给别人造成负担"。美国学者昂格尔在《现代社会中的法律》一书中讲道，伟人们总是给后人留下"历史包袱"，使后人处于困境之中，后人"或者仅仅是伟人们留下的遗产的看管人，或者……以技术上的熟练性在狭小的领域内进行耕耘"。就如《论语》虽然让后世之人更多地了解了孔子，但也给后世之人增加了很多负担，有的人研究孔子的理论有多么正确，有的人则试图找出孔子的问题进行批判，大家都在围绕孔子进行研究，从而限制了做学问的范围，这就是"施劳"。颜回希望自己的学问能够发挥正面的作用，可以对人有所启发，导人向善，但只是启发而已，同时让自己的学问又不成为任何人的负担，不成为别人的包袱，让别人可以自由地追求自己的学问。颜回的境界确实不是常人所能及的。

孔子听了颜回的话以后就知道这个学生的境界已经超过自己了，于是说自己只是想脚踏实地回归社会，做点有益于社会的事情就好。

此处虽然只有短短一段话，却很明确地给出了人生可供选择的几种目标方向。子路的志向是推己及人，从关爱身边的人开始，侠气较重，但亦有较强的社会责任感。颜回则是把学问做到极致，导人向善而不被发现，学问高深却不为所知，在平平淡淡中浸润整个社会。孔子则是从社会需要出发，心系天下。所以，

想做什么样的人，作者都已经列举在这里了，任君自选。

五

贵在自知

本篇最后两章在讲自知的问题。自知是对自己全面客观的了解，人最熟悉的应当是自己，但人却并不一定真正了解自己，对于自己有什么缺点、有什么优点，每个人还真不一定清楚。人有的时候很自负，常常觉得天底下自己最行；而有的时候又很自卑，觉得自己什么都不行。这种心态很多人都会有，所以《学而》篇中才会告诉人们要自重，不能自卑，但也不可太自负。

第二十六章在讲人常常不能面对自己的缺点。

【原文】

子曰：已矣乎！吾未见能见其过而内自讼者也。

【试译】

孔子说：算了吧！我还没见过发现自己的过错就能够在内心自我审判的人。

人们可能觉得自省并不难，但实践中又有几人真的能做到呢？人很难看到自己的问题，不用说发现自己的错误，就算是有人指出了自己的错误，都很难接受，通常是找一大堆理由帮自己解释，并不是我有什么错，而是由于这样或那样的原因。有经验的管理者如果要批评下属，都会把批评的话放到最后来讲，因为你只要讲了批评的话，被批评的人就会在心里开始辩解，你后面说的话都听不进去了。

第二十七章在讲认清自己的优点也不容易。

【原文】

子曰：十室之邑，必有忠信如丘者焉，不如丘之好学也。

【试译】

孔子说：在有十户人家的村子里，一定有和我一样忠信的人，只是不如我这般愿意学而已。

人对自己的优点也未必能够发现得很准确。人想客观看待自己是很难的，不仅发现自己的缺点难，连优点也是一样。第一篇"学而"引用曾子的话已经讲过了，君子首重"忠""信""习"。别人都认为孔子的优点在于忠与信，其实孔子自己很清楚，具备这样品德的人不在少数，自己最大的优点是好学。孔子身上的优点确实很多，我们可以找出一大堆，但最突出的就是好学。孔子向师襄学琴时，师襄教了他一首曲子，他

就反复练习，师襄认为他弹得已经很好了，三次告诉他可以学其他的曲子了，他却不肯停止练习，认为对曲子还没吃透，反复研究不断揣摩，终于体会出这首曲子讲的是文王，令师襄震惊不已，因为这首曲子正是《文王操》。孔子一生向许多人求教过，真正做到学而不厌，孔子的弟子们虽然多数也很好学，但很少有能达到孔子这种程度的，弟子一旦得到孔子的认可之后通常就会很满意了，就如同现在考试得了满分一样，而孔子对自己的要求比老师的要求更高，所以孔子说自己真正区别于他人之处在于好学，可见其自知之明。

《雍也》篇图解

论人才

人才如何使用

- 子曰：雍也，可使南面。仲弓问子桑伯子。子曰：可也，简。仲弓曰：居敬而行简，以临其民，不亦可乎？居简而行简，无乃大简乎？子曰：雍之言然。
- 哀公问：弟子孰为好学？孔子对曰：有颜回者好学，不迁怒，不贰过，不幸短命死矣。今也则亡，未闻好学者也。
- 子华使于齐，冉子为其母请粟。子曰：与之釜。请益，曰：与之庾。冉子与之粟五秉。子曰：赤之适齐也，乘肥马，衣轻裘。吾闻之也，君子周急不继富。
- 原思为之宰，与之粟九百，辞。子曰：毋，以与尔邻里乡党乎！

人才使用之难

- 子谓仲弓曰：犁牛之子骍且角，虽欲勿用，山川其舍诸？
- 子曰：回也，其心三月不违仁，其余则日月至焉而已矣。
- 季康子问：仲由可使从政也与？子曰：由也果，于从政乎何有？曰：赐也可使从政也与？曰：赐也达，于从政乎何有？曰：求也可使从政也与？曰：求也艺，于从政乎何有？
- 季氏使闵子骞为费宰。闵子骞曰：善为我辞焉。如有复我者，则吾必在汶上矣。
- 伯牛有疾，子问之。自牖执其手，曰：亡之，命矣夫！斯人也而有斯疾也？斯人也而有斯疾也！

人才来源

- 子曰：贤哉回也。一箪食，一瓢饮，在陋巷，人不堪其忧，回也不改其乐。贤哉回也！
- 冉求曰：非不说子之道，力不足也。子曰：力不足者，中道而废，今女画。
- 子谓子夏曰：女为君子儒，无为小人儒。
- 子游为武城宰。子曰：女得人焉尔乎？曰：有澹台灭明者，行不由径，非公事，未尝至于偃之室也。
- 子曰：孟之反不伐。奔而殿，将入门，策其马。曰：非敢后也，马不进也。

人才培养理念

- 子曰：不有祝鮀之佞，而有宋朝之美，难乎免于今之世矣。
- 子曰：谁能出不由户？何莫由斯道也？
- 子曰：质胜文则野，文胜质则史。文质彬彬，然后君子。
- 子曰：人之生也直，罔之生也幸而免。
- 子曰：知之者不如好之者，好之者不如乐之者。
- 子曰：中人以上，可以语上也；中人以下，不可以语上也。
- 樊迟问知。子曰：务民之义，敬鬼神而远之，可谓知矣。问仁。曰：仁者先难而后获，可谓仁矣。
- 子曰：知者乐水，仁者乐山。知者动，仁者静。知者乐，仁者寿。

人才培养目标

- 子曰：齐一变至于鲁，鲁一变至于道。
- 子曰：觚不觚。觚哉！觚哉！
- 宰我问曰：仁者，虽告之曰："井有仁焉",其从之也？子曰：何为其然也？君子可逝也，不可陷也；可欺也，不可罔也。
- 子曰：君子博学于文，约之以礼，亦可以弗畔矣夫。
- 子见南子，子路不说。夫子矢之曰：予所否者，天厌之！天厌之？
- 子曰：中庸之为德也，其至矣乎！民鲜久矣。
- 子贡曰：如有博施于民而能济众，何如？可谓仁乎？子曰：何事于仁，必也圣乎！尧、舜其犹病诸！夫仁者，己欲立而立人，己欲达而达人。能近取譬，可谓仁之方也已。

雍也第六

《雍也》篇讲人才使用的问题，进而延伸到人才的培养问题。本篇共分为五个部分：人才如何使用、人才使用之难、人才的来源、人才培养理念和人才培养目标。

一

人才如何使用

1. 为君王

【原文】

子曰：雍也，可使南面。仲弓问子桑伯子。子曰：可也，简。仲弓曰：居敬而行简，以临其民，不亦可乎？居简而行简，无乃大简乎？子曰：雍之言然。

【试译】

孔子说：冉雍，可以让他为诸侯。冉雍请教子桑伯子这个人。孔子说：可以，行事风格简化。冉雍说：内心保持敬意，行

事简化，这样对待百姓，不也是不错的吗？如果内心简化，行事也简化，不就是大道至简吗？孔子说：冉雍说的对。

在封建社会，君王可以说是天下最重要的岗位，因此需要非常适合的人才，比如说冉雍。冉雍字仲弓，平民，是孔子的弟子。"南面"一词通常指代帝王，由于帝王的座位是坐北朝南的，因此我国古代以南面来指代帝王。也有人把此处的"南面"译为做官，因为古代的衙门大门也是朝南的。笔者更倾向于帝王的说法，因为冉雍在孔子的弟子当中以德行见长，德行好的弟子首推颜回，另有闵损、冉耕、冉雍，而其中适合为君王的则首推冉雍。很多弟子都向孔子请教过什么是仁，孔子的回答是不一样的，回答冉雍的是"使民如承大祭，出门如见大宾"，很明显是在授其以君王之道。而如果说做官的话，那孔子的弟子当中此类人才还是很多的，何必单独说冉雍"可使南面"呢？所以，孔子认为冉雍是君王之材，是适合当领导人的。此处的"南面"其实所指代的是诸侯。诸侯虽是一国之君，但还不是王，春秋时期称王的只有周天子，到后来社会混乱到一定程度了，诸侯才开始称王。所以，孔子此处说冉雍"可使南面"的意思是他可以为诸侯。

为什么说冉雍有君王之材呢，此处又举了一个例子加以说明，即冉雍对子桑伯子的评价。孔子对子桑伯子这个人并不十分认可，他是赞成礼之繁的人，而子桑伯子喜欢简化，两人相反。

但孔子是一个不愿意讲别人缺点的人，所以就回答说这个人还行，他的特点就是愿意什么事情都简化。但是冉雍告诉老师，您不要只看子桑伯子这个人行事简化，其实关键在于内心的态度，内心如果保持敬意，那么行事的简化是为了不折腾百姓，这本身就是很好的事情。而如果内心已经达到简的程度，并不把那些繁文缛节放在心上，就已经达到大道至简的境地了。冉雍这样解释之后，孔子也马上改变对子桑伯子的看法，认为冉雍说的对。从后面这一段话中也可以看出，他们师生之间讲的是治理天下之道，正是君王之术的内容，所以也印证了前面的"南面"所指的就是君王。

2. 为圣贤

【原文】

哀公问：弟子孰为好学？孔子对曰：有颜回者好学，不迁怒，不贰过，不幸短命死矣。今也则亡，未闻好学者也。

【试译】

鲁哀公问孔子：您的弟子中谁的学问好？孔子正式回答说：有位叫颜回的学问真正好，不让愤怒向外扩展，犯过的过错不会再发生，不幸寿命短去世了。现在的弟子中就没有了，没有发现学问真正好的了。

　　圣贤是更加难得的人才。在孔子的心中，圣贤比君王更重要。在他的弟子中，虽然他很欣赏冉雍，但最得意的还是颜回，他认为颜回可以传承他的学问。但为什么此处会把冉雍放在颜回前面呢？那是因为《论语》认为君王比圣贤更重要。《论语》是讲帝王之术的，不是重点讲圣贤之道的，所以没把圣贤放在君王之前，而是先推出自己的主打品牌。虽然在《先进》篇排序的时候仍然把颜回排在冉雍之前，但那是就德行而言，而此处是在讲哪一种人对天下更重要，所以还是要把君王放在首位。

　　圣贤难得到什么程度？在孔子的七十多位得意弟子当中，能达到圣贤境界的只有颜回一人。此处的"不迁怒，不贰过"其实就相当于"主忠信。无友不如己者，过则勿惮改"的一种简练的说法。"不迁怒"是说不会为情绪所左右，始终保持内心的恒定，不迷失自己。这种境界就是始终忠于自己的内心，保持自信，即前文中所解"主忠信"之意。"不贰过"是说所犯过的错误不会再犯，所对应的是"过则勿惮改"。"主忠信。无友不如己者，过则勿惮改"在《学而》篇中用于讲述学的态度，此处"不迁怒，不贰过"本意是讲"好的学问"是一种状态、一种境界，并不是一种结果。正所谓学无止境，判断一个人学问好不好并不是看他写了什么著作、取得了什么样的成绩，而是要看他做学问的状态。即使是孔子晚年，假如他说，我五经都编好了，已经集学问之大成，不需要再学习了，那其学问的境界也就变差了。但本章用在这里，是通过对颜回与其他弟子之间的比较，讲明圣贤的难得。结合上一章与本章可以看出，圣贤比明君更难得，这是孔子和《论语》都赞成的；但明君比圣贤更重要，这是《论语》的观点。

3. 为官员

【原文】

子华使于齐，冉子为其母请粟。子曰：与之釜。请益，曰：与之庾。冉子与之粟五秉。子曰：赤之适齐也，乘肥马，衣轻裘。吾闻之也，君子周急不继富。

【试译】

公西赤出使去齐国，冉有申请给公西赤的母亲发放粟米。孔子说：给她一釜。冉有请求增加。孔子说：给她一庾。冉有给了她五秉。孔子说：公西赤去齐国的时候，骑着肥马，穿着高档的皮裘。我听到过这样一句话，君子周济急需帮助的人而不周济富有的人。

官员负责社会管理，社会管理重点在于资源的分配，这方面也需要人才。公西赤字子华，是孔子的弟子，擅长外交。有一次公西赤出使齐国，此时孔子在鲁国当政。冉有与公西赤是同学，他向孔子申请给公西赤的母亲发放粟米。孔子给的不多，冉有请求增加后仍觉得不够，就自作主张给了五秉（秉为古代容量单位，一秉合240斗）。孔子知道了以后，就对冉有说，公西赤已经很富有了，不需要给他那么多。

【原文】

原思为之宰，与之粟九百，辞。子曰：毋，以与尔邻里乡党乎！

【试译】

原思任孔子的主管，孔子给他的禄米为九百，原思推辞。孔子说：不要推辞，你可以用来周济你的邻居和乡亲。

原思名宪，字子思，是孔子的弟子之一。此处举这两个例子是进行两方面的比较：一是以孔子为例，在给两个弟子发放俸禄时态度不同；二是以冉有与孔子进行比较，对同一件事处理态度不同。通过这两个不同，可以看出好官员的难得。孔子对于两个弟子，一个是人家想多要他不同意多给，一个是人家不想多要他却坚持要给，道理何在呢？因为原思不富裕，对财富也不看重，所以推辞，但孔子知道财富交到他手里他不会自己藏起来，除了生活用度之外会拿去周济别人，这样就能真正发挥这些财富的作用，能帮助更多的人，也能引领好的社会风气。而公西赤是比较注重财富积累的，他本身就比较富有，那么把财富交给他只是囤积起来，财富的作用发挥不出来。

那么在公西赤俸禄问题的处理上，孔子和冉有的区别又在哪儿呢？首先说，冉有的自作主张肯定也不是乱来的，他的做法应当也是符合规定或习惯的，公西赤代表国家出使齐国，鲁国应当给予家属相应的待遇，但数量方面可能只是一个范围，而孔子所给出的方案一定是离这个范围的上限太远了，所以冉有才没有按照老师的决定去办，而是自作主张按照惯例去办。冉有的做法也并没有错，因为公西华出使是公事，有权获得应得的补贴，这样才能够鼓励大家去积极地为国家做事，这个道理就如同《孔子家语》中"子路救人得牛"的道理，孔子认为给公西赤母亲发放粟米是对的，但不需要那么多，因为他本身已经很富有，给是应当的，但给多了就没必要了，毕竟资源是有限的，在用的时候还是要充分考虑发挥其效能。从这两个例子中可以看出社会资源分配是一门大的学问，官员们所做的可以说主要就是这方面的事。而想把这样的好是很难的，孔子很清楚天下的问题主要就在社会资源分配方面，"不患寡而患不均"，能够把这个问题处理好，很多矛盾问题都迎刃而解。

一

人才使用之难

第五章到第九章讲想把人才用到合适的位置并不容易，虽然人们普遍认为对于人才要充分合理地使用，人尽其才，但那只能是一种理想，想把人才放到合适的位置上是很难的。

第五章讲君王并非仅靠贤德就可以胜任。

【原文】

子谓仲弓曰：犁牛之子骍且角，虽欲勿用，山川其舍诸？

【试译】

孔子对冉雍说：有一头小牛，虽然是普通耕牛生的，但是它赤黄发亮，头角峥嵘，就算有人不想用它，山川神灵又怎么会舍弃它呢？

孔子认为冉雍的德行是不会被社会埋没的，但事实上却没有哪个国家把冉雍请去做国君。所以，这段话是反向引用，在这里所要表达的是对于国君这个位置来说，哪是贤德与才能匹配就可以的呢？冉雍有君王之材，但他平民出身，成为国君的可能性是微乎其微的。冉雍自己对此也不抱任何指望，他又不可能去争，如何才能成为君王呢？孔子鼓励冉雍，告诉他不要灰心，要有使命感，也要对未来抱有希望，但是君王的位置哪是那么容易得到的呢？冉雍适合做君王，是因为他具有不争的品质，可不争之人又怎么成为君王呢？老子也讲过：将欲取天下，恒无事；及其有事，又不足以取天下矣。冉雍如果有君王的地位，一定是一个好君王，因为他有让的品质，可是由于他有这样的品质，却又登不上君王之位。

第六章讲圣贤想为社会接受亦不容易。

【原文】

子曰：回也，其心三月不违仁，其余则日月至焉而已矣。

【试译】

孔子说：颜回这个人，他的心可以长期不脱离仁的境界，其他弟子只能达到几天或一个月而已。

圣贤也一样，即使内在修为达到了，但想为社会接受也不容易。颜回被称为贤人是后世的事，但在他生前，似乎也只有他的老师和同学知道他的贤良。颜回虽然贤良，但社会对他的了解并不多，如何才能成为整个社会尊奉的圣贤呢？这也是一个很难的

问题。颜回之所以能够得到后世的认可，是因为他遇到了一位好老师。

第七章至第九章讲想让人才为官也面临不少问题。适合做官的人本来就有限，而适合做官的人又并非都能够去做官。

第七章在讲有的人虽然很优秀，但性格导致其不适合做官。

【原文】

季康子问：仲由可使从政也与？子曰：由也果，于从政乎何有？曰：赐也可使从政也与？曰：赐也达，于从政乎何有？曰：求也可使从政也与？曰：求也艺，于从政乎何有？

【试译】

季康子问：子路是否可以让他从政？孔子说：子路果敢，哪里适合从政呢？又问：子贡是否可以让他从政？孔子说：子贡通达，哪里适合从政呢？又问：冉有是否可以让他从政？孔子说：冉有谙熟六艺，哪里适合从政呢？

人们可能会说，从政不就是当官吗，当官有那么难吗？清代李鸿章就曾经说过，当官是最容易的事，如果一个人连当官都不会，那就什么也干不了了。确实是这样吗？我们就从孔子对这三个弟子的评价来看一下性格对于从政的影响。

先说一下子路的"果"。"果"可以解释为果敢、果断，指可以迅速做出判断。这种品质在从事某项具体工作时是一种优势，反应快，效率高，不拖泥带水，但是就从政而言则不一样。从政最重要的是要处理好与上级之间的关系，过于果断，遇到什么问题自己就马上做出决定了，不去向上级请示汇报，上级会不高兴，与上级之间的关系很难处理好。

再说一下子贡的"达"。"达"可以解释为通达、豁达，大致是把什么东西都看透了。这种品质在做人方面是非常难得的，为人通达、豁达就会活得很明白，遇事不纠结，权势、富贵都放得下。子贡就是这样一个人，他做生意赚钱很有本事，外交水平也很高，所以金钱、权势在他眼中都不当作一回事。可如果一个人很通达，他可能不会敬畏上级，与上级的关系也容易处理不好。

下面说一下冉求的"艺"。"艺"指技艺、艺术，此处是名词作形容词，用现代的话说就是很有文艺范儿。冉求是位才子，诗词歌赋、琴棋书画都很擅长。当领导的通常都希望下属敬畏自己，这样就能够服从于自己，易于树立领导的权威。但有一技之长的人，往往认为凭借自己的技艺，无论到哪里都能有一席之地，因此不会十分在意领导，也可能处理不好与上级之间的关系。

子路、子贡、冉求都有很大的学问，能力水平都不错，也有各自擅长的领域。季康子向孔子了解他的三个弟子的情况，想请他们出去做官，孔子的意思是我的三个学生本身都不错，但怕你驾驭不了。果断的子路什么事情不需要请示你，自己就处理了，

你能不能接受？通达的子贡什么事情都处理得好，但不会对你唯命是从，你能不能忍受？水平高超的冉有不会对你唯唯诺诺，这是不是你所希望的样子？如果你对这三种情况都能接受，那才可以请他们出去做事。果断、通达、有才能通常都是我们眼中的优点，一个人如果遇事不能决断、对天下事看不透、技艺方面又很一般，这样的人是不会被称为人才的，可这些优点在政事关系中却可能成为妨碍个人发展的缺点，一般的领导者难以驾驭这样的人，只有高超的管理者才敢用这样的人，才能把这样的人用好。刘邦之所以能取得天下，不过是用好了张良、萧何、陈平、韩信几人而已，但能够用得好这几个人，那才是真正的智慧，项羽就做不到。

第八章讲有的人虽然适合做官，但未遇到合适的老板而不愿意做官。

【原文】

季氏使闵子骞为费宰。闵子骞曰：善为我辞焉。如有复我者，则吾必在汶上矣。

【试译】

季氏想请闵子骞做费县的主管。闵子骞对来人说：请您好好替我辞掉它。如果再来人找我，那我就搬到汶河以北去。

闵子骞名损，是孔子弟子中德行非常好的，大概仅次于颜回。以闵子骞的德行如果去做官的话是非常优秀的，可惜来请他的是季孙氏。闵子骞对季孙氏的看法与孔子是一样的，认为季氏所走的不是正道，不肯为他们效力。汶河以北已经是齐国的地界了，不归鲁国管了，闵子骞的意思是如果季氏非得逼自己出来为他们做事，那就逃离鲁国，可见态度之坚决。这个例子意在说明，人才是有自己的道德标准的，并非谁请他们都出来做事，如果价值理念不同，或者是领导人的德行不够，这些人才也是不会出来做官的。

第九章讲有的人虽然适合做官，但由于身体健康等原因没有机会。

【原文】

伯牛有疾，子问之。自牖执其手，曰：亡之，命矣夫！斯人也而有斯疾也？斯人也而有斯疾也！

【试译】

冉耕得了重病，孔子来看望他。经由窗口拉住他的手，说：就要失去这么优秀的人了，这就是命啊！这样的人怎么会有这样的病呢？就是这样的人才会有这样的病啊！

冉耕，字伯牛，是冉雍的哥哥，因病早逝。伯牛的德行也非常好，两兄弟都是孔子的得意弟子。伯牛生病时孔子来看望他，可能他的病具有传染性，所以孔子只能隔着窗口看他。此处两句"斯人也而有斯疾也"文字相同，但语气应当不同，如果仅仅是表达孔子的惋惜，那么一句就已经够了，虽然重复具有加重语气的作用，但意义不大。孔子的这两句话第一句应当为反问句，主要是表达对伯牛的惋惜，感叹这么好的人却没有得到老天的眷顾。第二句应当为感叹句，主要是感叹世道衰落、礼崩乐坏，德行这么好的人也难有什么作为，所以上天才早早结束了他的生命。这种感叹就如同孔子"获麟绝笔"一样，知道世道已经不行了，所以停笔不再写《春秋》。面对伯牛的死，孔子所发出的也是对于天道的感慨。

人才来源

第十章到第十四章讲人才的来源问题，其中既讲到了专门教育的培养，也讲到了社会实践的重要性。此处把颜回、冉有、子夏、澹台灭明、孟之反五个人放在一起，在讲人才培养的问题。这五个人都具有一定的代表性，颜回、冉有、子夏都是孔子的学生，属于受到专门教育的人，其中颜回是认真学而有成就的，冉有是没有认真去学的，子夏是虽认真学但成就有限的，澹台灭明与孟之反则是未受到专业教育的人，澹台灭明代表的是平民，孟之反代表的是贵族。

第十章讲人才可以通过教育来培养。

【原文】

子曰：贤哉回也。一箪食，一瓢饮，在陋巷，人不堪其忧，回也不改其乐。贤哉回也！

【试译】

孔子说：颜回很贤良啊。他只有一些简单的食物，一些简单的饮品，居住在简陋的巷子，别人对此都非常忧虑，而颜回却没有改变其乐守于道的境界。颜回真是个贤良的人啊！

这是孔子称赞颜回的一段话，其中"人不堪其忧"可以有两种解释，一种是不堪这种境况之忧，一种是不堪颜回之忧。前一种意在表明颜回可以很淡然地承受别人不能承受的困境，后一种则是别人已经很为颜回担忧，但他自己却无所谓，两种解释都通。"不改其乐"也有两种解释，一种是不改变他内心的快乐，一种是不改变其安贫乐道的心态。两种都可以解释得通，但笔者更倾向于后一种。圣贤的心中其实常常只是一种淡漠的情怀，看透了一切，对一切都无所谓，贫穷不会对其产生任何影响。解释

为乐道更合乎颜回的品质，他本就是安贫乐道之人，在穷困之中仍然乐守于道，所以此处的"乐"与前文"贫而乐"中的"乐"是一样的，是动词，乐的对象是道。

此处引用孔子之语不是为了称赞颜回，而是意在表明经过专门教育可以培养出学问真正好的人，颜回就是代表。他自身品质很好，经过孔子教育之后达到了很高的境界。

第十一章讲教育不是一件简单的事，通过专门教育也不一定能培养出理想的人才。有的人你教了，他却不一定去学。

【原文】

冉求曰：非不说子之道，力不足也。子曰：力不足者，中道而废，今女画。

【试译】

冉有说：我并非不喜欢您的主张，但力量不够。孔子说：如果力量不够，应当是在做的过程中坚持不下去，而你根本没有开始。

"说"同"悦"，是喜欢的意思。画，是画一条线把自己限制住了，这条线就是孔子所授做人做事之道的起点。教育的核心在于受教者有学的愿望，如《易经》中"蒙"卦所云：匪我求童蒙，童蒙求我。不是老师要让学生去学，而是学生想让老师教他，这才是教育的核心。《论语》后文中"自行束脩以上，吾未尝无诲焉"也是这个道理。当老师的通常都很希望弟子能够学到东西，可是如果学生自己不想学，或不想真正地学，那老师也是没有办法的。冉有没有好好地去学吗？对于孔子所教的诗、礼及其他方面技艺，他是非常勤奋地学的，但对于孔子关于做人做事的教诲，冉有则听不进去，他有自己的打算，孔子教弟子们要行仁道，冉有却不管这些。所以他后来才会去为季氏做事，做了很多违背孔子心意的事。

此处举出冉有这个例子，意在说明教育也不是一定能培养出好的人才，冉有在跟随孔子学习，但对于真正的学问他却没有学，不是孔子不教，而是他不学，于是才有此处的对话。

第十二章讲有的人学了，却失之偏颇。

【原文】

子谓子夏曰：女为君子儒，无为小人儒。

【试译】

孔子对子夏说：你要成为社会需要的人，成为君子境界的那种，不要只停留在普通人的层面。

儒，就是社会所需要的人。子夏是传承孔子学术的人，孔

子希望他传承下去的是君子之道，但是，孔子发现子夏的境界不够，故此提醒他。后文中记载了孔子对于子夏和子张的评价，认为子夏"不及"，而子张却"过"了，可以从另一方面证明孔子认为子夏的学问程度还没有到家。

此处以子夏为例，是在讲孔子弟子中存在的另一种情况，有些人确实是真心求学的，真正按照老师的教诲去做，但最终的效果却产生了偏差，没能达到理想的效果。正所谓"师父领进门，修行在个人"，教育想达到理想的效果是非常不容易的，各人悟性不同，际遇不同，所收到的效果也是存在差异的。

第十三章与第十四章讲真正的教育在于社会，有的人没有跟随过什么名师，却一样成为优秀的人才。

【原文】

子游为武城宰。子曰：女得人焉尔乎？曰：有澹台灭明者，行不由径，非公事，未尝至于偃之室也。

【试译】

子游在武城做主管。孔子问他：你在那里发现人才了吗？子游说：有位叫澹台灭明的，做事走正道，不走捷径，除了公事，从来没有到我这里来过。

澹台灭明，字子羽，司马迁将其列入孔子弟子之中，但此时还不是孔子的弟子。澹台灭明相貌丑陋，曾经向孔子求学，孔子因其相貌较丑而没有收他，后来才知道他是位难得的人才，于是慨叹"以貌取人，失之子羽"。此处举这个例子，意在说明像澹台灭明这样的人，虽然没有跟随孔子这样的名师学习，但自己在社会上积极努力，也成为优秀的人才。澹台灭明后来名动诸侯，跟随他的弟子有三百多人，是自学成才的典范。

【原文】

子曰：孟之反不伐。奔而殿，将入门，策其马。曰：非敢后也，马不进也。

【试译】

孔子说：孟之反不夸耀自己的优点。他在打仗撤退时殿后，快进城门的时候，才鞭打自己的马向前跑。他说：不是我有勇气留在后面，是马不肯快跑。

孟之反是鲁国的大夫，这个人的人品很好。打了败仗撤退时留在最后，那是很危险的，容易被追兵攻击，而他主动留在最后，说明有勇气，有担当。但回到城里的时候，他又不夸耀自己的行为，而是很谦虚，把自己的勇敢与担当说成是马的原因。这种虚怀若谷的风范，确实可称为君子，是难得的人才。孟之反也

是在社会实践中成长起来的人才，此处引用这个例子再次说明人才并非都要经过专门的教育。

四

人才培养理念

第十五章到第二十二章讲人才培养的理念问题。

第十五章讲人才的培养首先要从社会的实际情况出发，培养人才要使其能够适应社会。

【原文】

子曰：不有祝鮀之佞，而有宋朝之美，难乎免于今之世矣。

【试译】

孔子说：如果没有像祝鮀那么好的口才，就算你有宋朝一样的美，在当前的社会环境下也难以有好的发展。

就春秋时期的社会环境来说，社会风气非常不好，但是作为人才培养来说，却必须结合这一实际情况。祝鮀以口才好著称，宋朝以美著称。宋朝之美属于"元"的方面，祝鮀之佞属于"亨"的方面，《论语》前文一直在讲"亨"的重要，所以教育也要注重于"亨"。宋朝的美是自身的美，按理说，一个人自身很美在社会上是有优势的，但在春秋时期不行，还必须有好的口才，否则难以立足。表面上看，这是一句抨击社会现象的话，但《论语》所要表达的并不是这样的意思。《论语》不教人孤芳自赏，而是指导人们该如何去做才是有效的。社会现实已经摆在那里了，去指责、去逃避都是解决不了问题的，人在社会上必须要遵循社会上的规则，教育首先就要教人如何融入社会，不能融入社会的人是没有办法发挥自己才能的。虽然有的人在某方面优秀得无以复加，凭借一技之长可以在社会上立足，但那毕竟是个别情况，从普遍情况来说，只有融入社会的人才能更好地发展。融入社会本身就是一门学问，搞教育首先就要重视这个问题，不能只重视自身素质而忽略社会环境。孔门不提倡"巧言令色"，那是一般的情况，但如果社会上流行这些，那也要把它学会，而且还要学精，因为没有"巧言令色"就没有办法在社会上立足。而不能在社会上立足，一切都是空谈。

第十六章讲必须从社会实际出发的原因，那是因为社会环境是谁都无法脱离的。

【原文】

子曰：谁能出不由户？何莫由斯道也？

【试译】

孔子说：谁能出门的时候不从大门走？如何才能不走这条路呢？

如果我们把人培养得品质很优秀，道德很高尚，是不是就可以忽略社会环境的不良影响，不向现实低头呢？不行。门是出门所必经的，社会也是人生存无法离开的，所以此处用出门比喻社会影响的不可逃避。社会环境对人的影响是谁都无法回避的，即使对社会现状不满，但又能怎样呢？谁能不受社会环境影响呢？社会的力量太大了，个人是无法与社会对抗的。如果社会现状令你不满，你首先要做的是想办法融入社会，等到自己具有一定的力量了，再适当地去想办法影响社会。

第十七章讲教育要注意使人的品格均衡。前面讲了人才的培养首先要能够适应社会环境，即首重人才的"亨"，但人的"元"毕竟是人一切的基础，也不可忽略。

【原文】

子曰：质胜文则野，文胜质则史。文质彬彬，然后君子。

【试译】

孔子说：本性超过了修饰，性格就会比较粗野；修饰超过了本性，就会变得有些刻板。人要在性格方面平衡，让本性和修饰都保持合理的度，这样才能成为人才。

人既有自然属性，又有社会属性，教育要实现两方面的均衡。质是指材料的基本属性，就人而言可以理解为人的自然属性或本性。文是修饰、装饰之意，此处指代人在社会行为中的修饰与技巧，包含有社会思想、行为方式、文学、艺术等各方面。人如果自然属性的成分过重，行为表现各方面就会很原始、直接，野性十足，对自己的脾气、行为都不能有效地控制；而如果人过分注重修饰、技巧方面的东西，就会一切都照书本上的东西来，变得教条，甚至钻牛角尖。做人做事都要有度，要达到平衡，这才是成为君子的基础。这段话用在这里，意在表明教育的方向是文质彬彬，对于质胜于文的人，要在文的方面进行引导，而对于文胜于质的人，则要在质的方面引导人，表面上做法可能不同，但目标其实是同一个——文质彬彬。

第十八章讲人才培养要注意外界因素的不良影响。

【原文】

子曰：人之生也直，罔之生也幸而免。

【试译】

孔子说：人的本性是直，罔的产生是由于可以给人带来好处和免受责罚。

社会所需之人基本属性是直，每个人通常一开始都具备这一素质，但在社会的影响下就发生了改变。很多人一开始不会说谎，随着生活经验的增加，发现说谎常常是有好处的，于是就学会了说谎。罔是与直相对的，在此处的含义不仅是说谎，也包含采用不正当的方式去做事等。教育要使人对此保持清醒的认识，不为所动。

第十九章讲外在因素对人产生影响的同时也可以作为有效的教育手段。外界对人的影响不可忽视，但外界的影响并非都是不好的，关键在于如何加以运用。

【原文】

子曰：知之者不如好之者，好之者不如乐之者。

【试译】

孔子说：某些事人们知道应当去做，但它的吸引力却比不上人所喜好的东西；所喜好的东西又比不上那些能让人快乐的东西。

教育的关键在于如何让人自己热爱学习。学习这件事对有的人来说是"知之者"，知道自己应该学习，但常常不愿意学，有时也学不进去；对于有的人来说是"好之者"，发自内心地热爱学习，这种状态对于学习来说非常不错；而对于有的人来说是"乐之者"，能够在学习中获得快乐，已经离不开它。对于"知之者"来说，学习需要很强大的毅力与自制力；对于"好之者"来说，其学习通常已非常自觉；而对于"乐之者"来说，你想不让他学习都不行。对于教育来说，最高的境界就是培养出学生的兴趣与爱好。只有学习成为一个人的爱好，他才能真正去学，真正去掌握知识、领悟智慧，才会有真正的成就。

　　这一章不难理解，但想用好这里面的智慧却很不容易。"知之者"是人基于理性对事物的认知，很多道理人们都懂，但不一定能做到。如体育运动，每个人都知道这对身体健康有利，但能坚持运动的人并不多。而"乐之者"通常是感性层面的，可以给人带来直接的感官需求的满足，如金钱、权力、美食、美色，这些东西对人有天生的吸引力。"乐之者"令人很难抗拒，人想要抵抗这些诱惑是非常难的。而"好之者"则是处于半感性半理性的阶段，包含对事物的理性认识，知道这件事自己应该做，也愿意去做，但还未达到"乐之者"的地步。从三者比较中可以看出，感性对人的支配力量常常会大于理性的力量。但是，这种情况并不绝对，人的理性之所以不能战胜感性，主要是那只是初级的理性。"知之者""好之者""乐之者"并非不变的，那些能直

雍也第六 用人

209

接给人带来感官上愉悦的东西，常常是不能持久的，很多人生活条件好了之后反而会觉得生活漫无目的。而像那些开悟的大师，领悟到了人生智慧，乐守于道，别人很难做到的事情在他们眼中是"乐之者"，做起来自然十分容易。而对普通人来说，会觉得有些事情知道该去做，可就是做不到。此种情形即王阳明先生所言："知而不行，只是未知。"

第二十章讲教育要与学生的素质相适应。

【原文】

子曰：中人以上，可以语上也；中人以下，不可以语上也。

【试译】

孔子说：中等悟性以上的人，可以和他讲高深的道理；对于悟性不够的人来说，高深的道理是不适合的。

这是孔子因材施教的基本原则，此处的上、中、下是指人的悟性而言，也就是理解、接受和发挥的能力。孔子并非戴着有色眼镜，他不是瞧不起悟性低的人，而是客观地讲述教育的实际情况，也是他的经验之谈。因为对悟性低的人，你和他讲高深的东西他听不懂，不仅浪费了老师的时间，对他自己来说也没有任何帮助，所以这样的方式是没有意义的。那些高深的道理，悟性高的人听了以后大概可以懂，悟性中等的人听了可能暂时不懂，但过一段时间之后可能会懂，而悟性低的人则可能一直不懂，所以教他这些内容就不行了。老子曰："上士闻道，勤而行之；中士闻道，若存若亡；下士闻道，大笑之，弗笑不足以为道。"

第二十一章讲对中人以下要怎么教。

【原文】

樊迟问知。子曰：务民之义，敬鬼神而远之，可谓知矣。问仁。曰：仁者先难而后获，可谓仁矣。

【试译】

樊迟请教什么是智慧。孔子说：管理引导百姓，让他们对鬼神保持敬意但要远离，可以称得上有智慧了。樊迟又问什么是仁。孔子说：仁要艰难努力付出才能得到，可以称得上仁了。

樊迟名须，是孔子弟子当中悟性比较低的，所以孔子教他的东西都是很基本的，与那些悟性高的人不同。孔子此处的回答似乎很难让人满意，智慧当然不止于此，但对于樊迟来说，孔子告诉他你只要别整天迷信鬼神就可以了，人要靠自己，这对你来说就是智慧。在仁的问题上也是，孔子告诉樊迟不要认为仁有什么捷径可寻，先把眼前的事做好再说。事实上对于这两个问题，孔子给很多弟子解释过，且有很多不同的解释，《论语》中也记载了很多。《论语》中记载樊迟问智有两次，问仁有三次，表面

上看起来没什么，但其实这是求学者的大忌。《易经》"蒙"卦云："初噬告，再三渎，渎则不告。"教育的原则是老师给你讲一遍，你要认真听，如果没听进去，下次再问同样的问题，那就是对老师的不尊重，既然你对老师不尊重，老师也就不再教你。樊迟多次问同样的问题是非常不应该的，但孔子知道他的水平有限，所以也并没有真的计较，而是有针对性地教导他。而且由于樊迟不同时期的情况有所不同，所以孔子每次的回答也是不一样的。

第二十二章讲要结合学生的特点有针对性地引导。

【原文】

子曰：知者乐水，仁者乐山。知者动，仁者静。知者乐，仁者寿。

【试译】

孔子说：聪明的人愿意像水一样去行事，而达到仁这一境界的人更乐于像山一样行事。智者看起来是变化的，仁者则是不变的。智者在任何环境下都可以保持轻松快乐，仁者则会长久保持自己的状态。

"知者乐水，仁者乐山"中的"乐"是乐于的意思，如"安贫乐道"中的"乐"字。"寿"，死而不亡曰寿。老子曰："水善利万物而有静，居众人之所恶，故几于道矣。"孙子曰："兵无常势，水无常形。"水是保持内在属性的不变，但又随外界变化而变化，外界怎样变化，就随之而变化。而达到仁这一境界的人更乐于像山一样，无论外界怎么变化，我自岿然不动。智者看起来是变化的，但变化之中有不变；仁者则是不变的，以不变应万变。此处讲智者与仁者，意在说明二者之间是有明显差别的，因此在教育的时候自然也必须加以区别，否则难以很好地实现对人才的培养。

人才培养目标

　　第二十三章到本篇结尾都在讲教育要使人达到什么样的目标这一问题。

　　第二十三章讲人才培养的目标首先是不断自我超越。

【原文】

　　子曰：齐一变至于鲁，鲁一变至于道。

【试译】

孔子说：齐国再向前发展一步就能达到鲁国的境界，鲁国再向前发展一步就接近于道的境界。

齐国是姜太公的封地，鲁国是周公的封地。此处使用这句话是用国的境界来比喻人的境界，意思是人要不断进步，永无止境。先讲齐国，是因为齐国比较强大，地广人丰，兵精粮足。用齐国来比喻人的状态，是说人要先丰富自己的头脑，掌握丰富的知识，使自己强大起来。然后再讲鲁国，孔子所指的应当是他任司寇期间，社会秩序井然，民风向好，一切依礼而行，四方百姓前来投奔。齐国的强大是外在的，而鲁国的兴旺则是由于内因，是因为治理水平很高，"近者说，远者来"，尽管实力还不如齐国，但已令齐国感到畏惧。用鲁国来比喻人的境界，所指的是使人达到知礼的境界，自己把各方面做好，既能施展自己的才华，又能够很好地为社会所接受。接下来讲如果再进一步就可以达到道的境界。鲁国的情况与道的境界还差在哪里呢？那就是鲁国的治理还是靠国家的力量，民风好是由于政府管理得好，如果能够最终不靠政府来管理，百姓自然而然地发自内心地守礼、求仁，那就达到了无为而治的水平，也就是道的境界。所以人也一样，在社会上知书达礼的境界已经非常不错，再前进一步就可以悟道了。

第二十四章讲教育要使人的思维模式不能受到局限。

【原文】

子曰：觚不觚。觚哉！觚哉！

【试译】

孔子说：酒杯已不是以前的酒杯了。酒杯啊！酒杯啊！

觚是古代盛酒的器皿，是四方有棱角的酒杯，形状、尺寸的设计都具有文化内涵。可是随着时代的变迁，这些内涵被人们忽略了，所以到了春秋时期酒杯也变样了，即使在很正式的场合所用的也不是传统的酒杯了。觚在此代表礼，孔子所感叹的是礼的丧失，但《论语》这段话的意思却是尽管觚的形状发生改变，但那还是觚，引申之意是人才没有固定的模式，并非说只有高学历的人才是人才，著书立说、著作等身、当大官、富甲一方才是人才，只要能装酒的都是觚，只要对社会有用的都是人才。

第二十五章讲教育要培养人有主见。

【原文】

宰我问曰：仁者，虽告之曰"井有仁焉"，其从之也？子曰：何为其然也？君子可逝也，不可陷也；可欺也，不可罔也。

【试译】

宰我请教孔子：对于仁者，即使有人告诉他说仁在井里，他也会跳进去吗？孔子说：怎么会认为仁者是这样的呢？君子可以放弃求仁的机会，却不会陷入错误之中；可以屈从于社会，但不会迷失自己。

宰我的意思是在当下的社会讲仁义是很吃亏的，社会就是那口井，讲仁义是会淹死的，是不是每个人都要舍身求仁呢？孔子告诉他，君子要有自己内心恒定的东西，遇事要有辨别力。当天下无道时，一定要舍身才能求仁，那么他可以放弃这个机会，但他不会同流合污，陷入无道的社会当中，为虎作伥。"欺"在此处是欺负之意，个人的力量是不足以跟社会抗衡的，当天下无道时，被社会欺负，屈从于社会是正常的，但他做事时会坚守内心的善，不会有失正道。君子自重，不会随波逐流。

第二十六章讲教育要教人坚持走正道。

【原文】

子曰：君子博学于文，约之以礼，亦可以弗畔矣夫。

【试译】

孔子说：君子对于修饰、技巧方面的东西广泛学习，用时遵循礼的约束，也就不会离经叛道了。

对于君子来说，各方面的知识、技巧都可以学，学的时候态度可以开放一点，什么都学，但用的时候则要谨慎，要用礼来约束，这样就不容易出问题。"博学以文"是说多学一些技巧方面的东西，比较容易融入社会。"约之以礼"是说做事时一定要坚持章法，不可乱来，人只要内心中有礼的约束，就不会迷失方向，走上错误的道路。

第二十七章讲教育要教会人包容。

【原文】

子见南子，子路不说。夫子矢之曰：予所否者，天厌之！天厌之？

【试译】

孔子会见了卫灵公的宠妃南子，子路不高兴。孔子非常严肃地说：我所不能接受的人，是连上天都讨厌的人。上天讨厌南子吗？

孔子在卫国的时候，会见了卫灵公的宠妃南子，子路对此很不高兴。其实对于这件事，我们应当先分析子路为什么会生老

师的气。南子是名美女，口碑不好，所以前人读到这一段就首先想到了男女问题，认为孔子见南子属于作风有问题。如果子路也这么考虑的话，那就不配做孔子的学生了，因为此事完全属于臆测，一点儿证据都没有，哪怕子路有所怀疑，他也不能问老师，否则实在是太失礼了。而且他们是公开会面，这种想法实在太不可理喻了，如果子路这么想，孔子根本不会理他。那子路为什么生气呢？是因为他认为孔子言行不一。女性干政在古代是大忌，不被人们认可。前文中王孙贾劝孔子的时候，孔子坚持要走正道，而不走其他权臣的路线，现在他会见南子这名把持朝政的宠妃，会不会是想走南子这条路线呢？子路有这样的怀疑，认为老师你总不至于沦落到去巴结南子吧，所以才生气，向老师发难。

"矢之"是把箭折断，用来发誓。孔子赌咒发誓，告诉子路，我虽然会见了南子，但并不是为了要走她这条路线，只是由于她在卫国的影响力，进行一次普通的会见。孔子告诉他要学会包容，对任何人都不要用有色眼镜去看待，除非这个人是连上天都讨厌，否则我都愿意与他交往。此处引用这个典故意思是说对于人才要培养宽容的品质，使其能够广泛接纳各色各样的人。

第二十八章讲教育要教人中庸之道。

【原文】

子曰：中庸之为德也，其至矣乎！民鲜久矣。

218

【试译】

孔子说：沿着中庸的理念去修养自己的品德，是最好的境界啊！天下的百姓不这样做已经很久了。

中庸是儒家的重要理念，这里只是把中庸作为一个点来讲，没有充分展开讨论其丰富的内涵。此处引用孔子这句话说，要将中庸作为教育的方向，当社会风气出现问题的时候，要想办法引导和纠正，但不能从一个极端走向另一个极端。

第二十九章讲教育要教人做事有度。教育不是要把人培养成为完人，使人做好自己并能在一定程度上影响身边的人就可以了。

【原文】

子贡曰：如有博施于民而能济众，何如？可谓仁乎？子曰：何事于仁，必也圣乎！尧、舜其犹病诸！夫仁者，己欲立而立人，己欲达而达人。能近取譬，可谓仁之方也已。

【试译】

子贡说：如果有人能在多方面帮助、照顾百姓，而且能够普及所有的人，怎么样？能称得上仁吗？孔子说：那哪里还是仁的境界，一定已经是圣的境界了！尧、舜也还达不到这个程度哩！仁者，自己在社会上立足也帮助他人立足，自己取得成功也设法

让他人成功。自己做到这样的程度，还要影响身边的人，让他达到与自己类似的程度，可以称得上是传播仁的方法了。

子贡很擅长做生意，孔子评价他"货殖焉，亿则屡中"，他这个人很豁达，什么都看透了，不肯接受传承学问的使命，但做生意每次判断都很准确。子贡很有钱，他所讲的就是他自己，他的想法中包含有这样的意思：我凭自己的能力赚很多的钱，然后去帮助很多人，甚至是所有人，这不也是善举吗？此处"博施"指的是角度，即全方位。全方位的帮助不只是金钱、物质层面的帮助，还包含精神层面的，如文化、心理、社会关系、自我成长等方面。"济众"指的是范围，即大多数人。子贡想要全方位地帮助所有的人，这个目标实在是太宏大了，也太伟大了，所以孔子才说是圣人的境界。孔子告诉子贡，你当然可以去做，但别把问题想得太简单，尧、舜这样的圣君都达不到这个程度，潜在的意思是你要先想一想，自己连仁的境界还没达到，以为自己的能力强就可以直接进入圣的境界吗？仁也罢，圣也罢，都不是靠能力就可以实现的，如前文中所言，"有能一日用其力于仁矣乎？"想达到仁与圣的境界，要靠德，所以后文中讲"骥不称其力，称其德也"。

仁是由内而外的，属于意识层面的，仁者要做的是引导人们改善心智模式，而不是简单地提供帮助。"己欲立而立人，己欲达而达人"，表明仁者是从自我出发，目的是让自己能够立足，能够取得成功。如果不考虑自己而只考虑别人，那就是后来墨家的思想了，这种思想有些过头了。如果世界上所有的人都只考虑别人不考虑自己，那整个社会也会乱套的，我的利益我自己都不在乎，你却为了我的利益去努力争取，这个逻辑是讲不通的。而按照杨子的观点，只考虑自己不考虑别人，人要绝对自私，那也是有问题的。孔子认为人要爱自己，这是正当的，是应当提倡的，每个人为了自己的利益与努力争取是没有错的，关键看你怎样去争取。此处告诉人们，"立己""达己"是目的，"立人""达人"是方法，仁者为自己的利益着想，但实现自己利益时不损害他人利益，最理想的是通过让他人来获利从而实现自己的利益，这既有利于自己也有利于别人，自然也有利于整个社会，这就是和谐的状态。孔子在提醒子贡，你先别想赚钱之后的事，首先要注意在赚钱的过程中别损害别人的利益，赚钱过程的善比赚钱结果的善更重要。

用正确的方法实现正确的目标，是仁的基础。但这样还不够，仁者要进一步发挥作用，去影响更多的人。影响和改变社会，可以由近及远，先从身边的人开始，引导他们达到和自己同样的境界。他们自然又会影响更多的人，从而就可以改变整个社会，这样做就是传播仁的方法了。"能近"指的是范围，从自己所能影响的范围着手，"取譬"指的是程度，譬有相似之意，"取譬"即取得"与自己相似"的效果。而"仁之方"既可以解释为仁者的方法，也可以解释为传播仁德的方法，二者其实是一

致的，因为仁者本身就在传播仁德。子贡想要"博施济众"，直接放眼于天下，而孔子告诉他要"能近取譬"，从身边的点点滴滴做起。这段对话本身是在讲仁，但放在这里是告诉人们教育也是有限度的，教育的目的不是要培养完美的人，而是让人进步，只要能够让人向着仁德的方向去努力就够了，毕竟完人是不存在的。

在《为政》篇中，作者提出了考察人才的八个方面，此处列举了培养人才的七个方面，两者之间的内容是具有对应关系的。

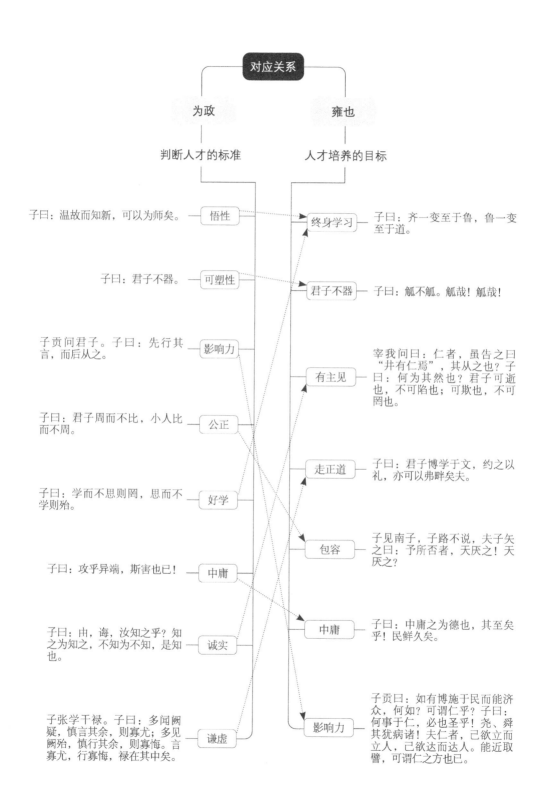

对应关系

为政　　　　　　　雍也

判断人才的标准　　　人才培养的目标

子曰：温故而知新，可以为师矣。—悟性 ⋯⋯⟶ 终身学习　子曰：齐一变至于鲁，鲁一变至于道。

子曰：君子不器。—可塑性 ⋯⟶ 君子不器　子曰：觚不觚。觚哉！觚哉！

子贡问君子。子曰：先行其言，而后从之。—影响力

宰我问曰：仁者，虽告之曰"井有仁焉"，其从之也？子曰：何为其然也？君子可逝也，不可陷也；可欺也，不可罔也。
有主见

子曰：君子周而不比，小人比而不周。—公正

子曰：君子博学于文，约之以礼，亦可以弗畔矣夫。
走正道

子曰：学而不思则罔，思而不学则殆。—好学

子见南子，子路不说，夫子矢之曰：予所否者，天厌之！天厌之？
包容

子曰：攻乎异端，斯害也已！—中庸

子曰：中庸之为德也，其至矣乎！民鲜久矣。
中庸

子曰：由，诲，汝知之乎？知之为知之，不知为不知，是知也。—诚实

子贡曰：如有博施于民而能济众，何如？可谓仁乎？子曰：何事于仁，必也圣乎！尧、舜其犹病诸！夫仁者，己欲立而立人，己欲达而达人。能近取譬，可谓仁之方也已。
影响力

子张学干禄。子曰：多闻阙疑，慎言其余，则寡尤；多见阙殆，慎行其余，则寡悔。言寡尤，行寡悔，禄在其中矣。—谦虚

《述而》篇图解

论教育

师道概述
- 子曰：述而不作，信而好古，窃比于我老彭。
- 子曰：默而识之，学而不厌，诲人不倦，何有于我哉？
- 子曰：德之不修，学之不讲，闻义不能徙，不善不能改，是吾忧也。
- 子之燕居，申申如也，夭夭如也。

教育的内容

元
- 子曰：甚矣吾衰也！久矣吾不复梦见周公。
- 子曰：志于道，据于德，依于仁，游于艺。
- 子曰：自行束脩以上，吾未尝无诲焉。
- 子曰：不愤不启，不悱不发。举一隅不以三隅反，则不复也。
- 子食于有丧者之侧，未尝饱也。子于是日哭，则不歌。

亨
- 子谓颜渊曰：用之则行，舍之则藏，惟我与尔有是夫！
- 子路曰：子行三军，则谁与？子曰：暴虎冯河，死而无悔者，吾不与也。必也临事而惧，好谋而成者也。
- 子曰：富而可求也，虽执鞭之士，吾亦为之。如不可求，从吾所好。
- 子之所慎：齐、战、疾。

利
- 子在齐闻《韶》，三月不知肉味。曰：不图为乐之至于斯也。
- 冉有曰：夫子为卫君乎？子贡曰：诺，吾将问之。入，曰：伯夷、叔齐何人也？曰：古之贤人也。曰：怨乎？曰：求仁而得仁，又何怨？出，曰：夫子不为也。
- 子曰：饭疏食饮水，曲肱而枕之，乐亦在其中矣。不义而富且贵，于我如浮云。
- 子曰：加我数年，五十以学《易》，可以无大过矣。
- 子所雅言，《诗》、《书》、执礼，皆雅言也。

贞
- 叶公问孔子于子路，子路不对。子曰：女奚不曰"其为人也，发愤忘食，乐以忘忧，不知老之将至"云尔。
- 子曰：我非生而知之者，好古，敏以求之者也。
- 子不语怪、力、乱、神。

教育方法
- 子曰：三人行，必有我师焉。择其善者而从之，其不善者而改之。
- 子曰：天生德于予，桓魋其如予何？
- 子曰：二三子以我为隐乎？吾无隐乎尔！吾无行而不与二三子者，是丘也。
- 子以四教：文，行，忠，信。
- 子曰：圣人，吾不得而见之矣，得见君子者斯可矣。子曰：善人，吾不得而见之矣，得见有恒者斯可矣。亡而为有，虚而为盈，约而为泰，难乎有恒乎。
- 子钓而不纲，弋不射宿。

学习方法
- 子曰：盖有不知而作之者，我无是也。多闻，择其善者而从之；多见而识之，知之次也。
- 互乡难与言。童子见，门人惑。子曰：与其进也，不与其退也，唯何甚？人洁己以进，与其洁也，不保其往也。
- 子曰：仁远乎哉？我欲仁，斯仁至矣。
- 陈司败问：昭公知礼乎？孔子曰：知礼。孔子退，揖巫马期而进之，曰：吾闻君子不党，君子亦党乎？君取于吴，为同姓，谓之吴孟子。君而知礼，孰不知礼？巫马期以告，子曰：丘也幸，苟有过，人必知之。
- 子与人歌而善，必使反之，而后和之。

为师之道
- 子曰：文，莫吾犹人也。躬行君子，则吾未之有得。
- 子曰：若圣与仁，则吾岂敢？抑为之不厌，诲人不倦，则可谓云尔已矣。公西华曰：正唯弟子不能学也。
- 子疾病，子路请祷。子曰：有诸？子路对曰：有之。《诔》曰："祷尔于上下神祇。"子曰：丘之祷久矣。
- 子曰：奢则不孙，俭则固。与其不孙也，宁固。
- 子曰：君子坦荡荡，小人长戚戚。
- 子温而厉，威而不猛，恭而安。

述而第七

　　《述而》篇在讲教育的问题。《雍也》篇中也讲了关于教育的一些问题，而本篇则是把教育作为一个行业来系统讲述的，可以说是在讲为师之道。本篇共分为五个部分：师道概述、教育内容、教育方法、学习方法及为师之道。本篇采用言行结合的表达方式，每部分均是以孔子之言开始，以孔子之行结束。

师道概述

　　第一章到第四章是对师道的概述，即老师应当具有的品格。

　　第一章在讲教育并非传授，老师不是传授知识和技能的。

【原文】

　　子曰：述而不作，信而好古，窃比于我老彭。

【试译】

　　孔子说：讲述一些东西，但不写成作品，信奉前人的理念，

效仿古代先贤，私下里我把自己比作老子和彭祖。

教育是一件很难的事情。从表面上看，教育就是老师把自己会的东西教给学生，而真正的教育却不该是这样的。"述而不作"是许多大师所奉行的理念，很多有智慧的人并不为自己著书立说。佛经中记载了释迦牟尼的言行，但没有一部是释迦牟尼写的；《道德经》记载的是老子的话，也不是老子写的；柏拉图著《理想国》，通篇在讲的都是苏格拉底的话，写自己的一句也没有。为什么会这样？先贤们如此有智慧，他们把智慧写下来，广为流传，我们其他人学着去做，整个世界不就变得美好了吗？先贤们为什么不这么做呢？这个问题，释迦牟尼是说明白了的，他说我说法这么多年，但其实所讲的东西都不是真正的法，真正的法不可说。先贤们不是不教，而是不能教，也没有办法教。

世间没有永恒的真理。你所讲的东西在这个环境下，对这个人来说是有用的，但换个环境、换个人就不对了。孔子深通这个道理，所以因材施教，颜回问仁他这样讲，冉雍问仁他那样讲，司马牛问仁则又是一种讲法。不仅如此，樊迟问仁他给出过三种解释，说明因材施教不仅指对每个人有不同教授方法，对于同一个人的不同认知阶段也是不同的，可见教育之难。后世儒家最大的问题就是认为人生有标准模式，什么问题都有标准答案，无论是认识还是实践都要达到标准答案才行，否则就是学问不到家，就是这样的理念最终导致宋儒达到"以理杀人"的地步。作为老师可以讲一些东西，只要这些东西对学生有帮助就是有意义的，但如果写下来，这些东西就可能出问题。因为，讲是针对特定的人，你了解对方，知道该怎么讲，但写出来就要面对成千上万的人，而那些人你并不了解，所写东西不一定适合他们。

就孔子而言，可以称为其作品的是《诗》《书》《礼》《易》《乐》《春秋》，《论语》并不是孔子的作品。但他对《诗》《书》是进行删减、整理，并不是在写什么，对于《礼》《乐》则是适当调整、修正，对于《易》做一些注解，也只是在前人的基础上谈谈自己的理解与发挥，《春秋》则是对当时社会事件的记录，基本相当于时事评论。这些严格来讲都不是孔子的创作，他并没有像后世的教育者一样编写一部权威教材让学生学习，所以他说自己"述而不作"。但是这些书中没有体现孔子的思想吗？绝对是有的。亦如司马迁写《史记》，他是仅仅在记载历史吗？不是，他把自己的学问融入作品当中。孔子也是一样，他在上述作品中把自己的观点都写进去了，不作即是作。

一阴一阳之谓道，其实《论语》在很多地方都体现了这一理念。在讲学什么的时候，首先讲不学什么；在讲用的时候，首先讲要懂得不用。现在也是如此，在讲教育的时候，先提到孔子的"述而不作"。为什么"不作"？因为"作"的东西都不对。"述"可以使自己的一些观点流传下来，你觉得有用就拿去，但并不是我指导你一套做人的道理，要求你必须按我的要求做，那样就会出问题。所以，"述"是可以的，但"作"的问题就多

了。编者首先引用孔子这句话，意在说明当老师的自己要明白，凡事没有绝对的，不能认为标准答案就在自己手中，更不能认为学生来学习就是要取得这个标准答案的。教育的内容是如何做人做事，在这一方面本就没有放之四海而皆准的标准模式，这是进行教育的前提。教育并不是把我头脑中的智慧传授给你，而是帮助你发掘你心中的智慧。否则如果先把教育内容固化了，那就不是真正的教育了。

此处的"老彭"有人说是指两个人——老子与彭祖，有人说是指一个人——商老彭。其实考证这个问题意义不大，无论是指一个人还是两个人，都不影响对这句话的理解。但"尊孔抑老"之人则可能坚持认为是一个人，或许是门派之见的缘故吧。其实做学问何必执着于门派，宋朝黄庭坚向晦堂禅师学禅时，禅师启发他时讲"吾无隐乎尔"，所引用语句就出自《论语》。佛家也用儒家经典教导弟子，儒道两家何必还执着于门派之见呢？

第二章讲为师者要有谦虚的态度。孔子是一位非常优秀的老师，而他十分谦虚。

【原文】

子曰：默而识之，学而不厌，诲人不倦，何有于我哉？

孔子说：默默地领悟智慧，学的时候孜孜不倦，教导别人永不倦怠，哪一项是我达到了的呢？

这可以说是孔子自谦的一句话，但又不仅仅是自谦。关于"默而识之"，前人一般认为"识"同"志"，指记在心里，这句话的意思是学东西要默默地记在心里。但这里的"识"可能不是这个意思，默默地记在心里与大声朗读出来都只是学习的方法，适合不同的人而已，二者并无优劣之分。南容"三复白圭"，就是把"白圭"之诗反复朗读，孔子听到后认为他品德很好，如果他"默而识之"，孔子又怎么能听得到呢？而且这只是技巧上的问题，孔子如此强调它，把它放在"学而不厌""诲人不倦"的前面，其含义应该不只这么简单。

"识"在此处是认识、知道的意思，这句话的意思不是告诉人要默默地去背诵什么，而是说在沉默中领悟智慧。智慧难道不通过学习就能获得吗？后世的观点一般认为不可能，韩愈说："古之学者必有师"，也在强调老师的重要性。但是，真正的智慧常常不是能学来的，六祖惠能说过："菩提只向心觅，何劳向外求玄。"智慧要学，但并不意味着只能向外学习，每个人的心中都有智慧，要自己去发掘。佛陀就是在菩提树下自悟证道的，《道德经》中亦云："不出于户，以知天下"。后文中孔子也讲到"生而知之者上也"，说的就是有人可以自然而然地领悟智

慧，不用去专门学习。当然他的智慧也是在生活中不断摸索出来的，但人们无法清楚地知道他是怎么做到的，所以就算他"默而识之"吧。孔子本就是"默而识之"的人，他是在学礼读诗的过程中不断悟得人生智慧的，所以他后来教自己的儿子也就是这两样东西。

"学而不厌"是获得智慧的另一种方法。悟性不那么高的人，达不到"默而识之"的程度，就要靠后天努力，积极去学。孔子是真正可以称得上"学而不厌"的人，在向师襄学琴的时候，师襄三次觉得他练习得很好了，但孔子仍然认为不够，好学程度确非常人可及。尽管如此，孔子仍然觉得自己的好学程度不够，这种境界如后文所言，"学如不及，犹恐失之"。

孔子讲完自己在学的方面不足之后，又提到了自己在教育弟子的问题上程度也不够——诲人不倦。孔子在教育方面对学生是很负责的，像樊迟这种悟性较差的，怎么教都领会不了，孔子也没有放弃他。还有像互乡之人，别人都认为不应该去理他们，但孔子却坚持认为只要他们有学的诚意就教。

从我们的角度来看，上述这三点孔子都做到了，那他说这句话是不是客套呢？也不完全是。孔子真正达到智慧的境界是他研读《易》之后，此前虽然各方面水平能力都不错，但在境界上还略微差了一点儿，也就是说他确实没有能够做到"默而识之"。"诲人不倦"方面也有"以貌取人，失之子羽"的例子，所以孔子这么讲固然是由于对自己要求很高，但也不完全是虚伪客套之词。《论语》此处引用孔子的话，意在说明老师要具有谦虚的品德，连孔子这么优秀的老师也还存在一定的问题，其他人自然也应该注意这一点。

第三章在讲为师者要有社会责任感。

【原文】

子曰：德之不修，学之不讲，闻义不能徙，不善不能改，是吾忧也。

【试译】

孔子说：社会道德没有引至正确的方向，学问没有传播，人们知道义也不肯跟随，明知所做的事情不善却不改正，这些正是我所忧虑的。

本章的德、学、义、善可以对应元、亨、利、贞四个方面。"德"是元的方面，是整个社会的根本，但目前出了问题却没能得到修正；"学之不讲"是亨的方面，即良好品德与人的连通上也出了问题，不能有效地在社会上传播；"闻义不能徙"是利的方面，义本是可以引导人、感染人的，但现在却发挥不了作用；"不善不能改"是贞的方面，善是道德内在的品质，但现在已经逐渐丧失。此语的主旨在于表明孔子对于社会的态度，一种关切

的态度，主动为社会担忧。孔子的忧虑所表现出的是他对于社会的责任感。老师应当是具有社会责任感的人，教育学生也是基于对社会的责任感。

第四章在讲老师只是平常人。

【原文】

子之燕居，申申如也，夭夭如也。

【试译】

孔子闲居在家，很舒展，轻松而愉快。

作为老师，其生活应当与常人没有区别。《述而》篇采用了一个比较特殊的体例安排，即言行搭配，先用若干个孔子的言论，然后再配以孔子的行为，即言传身教合一。这种体例安排用在这一篇中非常合适，因为它非常好地解释了为什么"述而不作"，因为著作通常只能讲述你的理论观点，你的日常行为自己怎么记载呢？而且有些事情在理论方面想到了，在实践中尚未经历，又该怎么办呢？这里就描述了孔子的日常生活是轻松而愉快的。本篇不是在讲教育吗，这里为什么讲了这样一段看起来和教育没什么关系的东西呢？其实不然，这一章意在说明老师并不是一定要整天板着脸，不苟言笑，其实他的生活与我们普通人一样。做老师不用整天戴着面具，只要为人谦虚、有社会责任感，这样的人都可以做老师。教育的目标在于生活，教育的目的不是要让人成为英雄、圣贤，而是让人去好好地生活。我们称赞英雄，但并不应当鼓励大家都去做英雄，那是小众的选择。对于大众来说，适合他们的是平淡的生活。孔子自己的生活平淡且快乐，这才会有人去学他，如果整天忧心社会的礼崩乐坏，又没有办法，终日在痛苦之中，那谁还愿意去学他。上一章讲了孔子对于社会的忧虑，但社会有问题可以慢慢想办法去解决，自己内心的快乐不能丢，自己才是人生价值的基础。前面是言传，此处是身教。

教育的内容

第五章到第十七章讲教育的内容。教育的内容可以分为四个方面：自身素质、融入社会、发挥自己的作用、提升自己的品格。

（一）育人之元：提升人的素质

第五章讲教育首先要有明确的目标，要培养人的理想和追求。

【原文】

子曰：甚矣吾衰也！久矣吾不复梦见周公。

【试译】

孔子说：我现在衰退得很厉害啊！我很久没有再在梦中见到周公了。

周公名旦，是武王姬发的弟弟，周朝建立后被封在鲁，但他没有到自己的封地，而是留在首都辅佐天子。周公对周礼的制定贡献很大，孔子对他非常景仰。孔子一生的理想就是复兴礼教，其以周公为榜样，这就是他的人生目标。此处引用孔子这句话，是在讲教育首先要让人有理想，要有明确的目标，才能有的放矢。

第六章讲要有可行的路径，教育的内容有四个层次，这些层次构成一套有机的体系。

【原文】

子曰：志于道，据于德，依于仁，游于艺。

【试译】

孔子说：以道为目标，以德为依据，从仁的层面出发，在艺的领域尽情发挥。

"志于道，据于德，依于仁，游于艺"是孔子学术思想的中心，这句话确实把孔门的思想讲清楚了。"志于道"，意思是孔门中人做学问的最终目标是追求"道"，这个"道"与老子所讲的"道"一样吗？大体上是一样的，都是一种形而上的、无法用语言准确描述的东西。"据于德"是说以德为依据，也可以理解为按照德的要求去做，因为"德"是告诉人们在行事的时候具体该怎么做。关于"道"与"德"的问题，从《道德经》中可以看出，"道"是不可言的，而"德"是可言的。"道"是抽象的，抽象的"道"应用于人类社会当中就形成了"德"，德是可琢磨的，但也不具体，可以说是一种精神。而"仁"就又差一个层次了，"失道而后德，失德而后仁"，"仁"虽然也还比较难解释，但与"德"相比要更具体一些了，有其原则、要求、标准，相对更容易判断，也容易推广，所以孔门的学问讲"仁"的比较多。有人说老子讲"道""德"，而孔子专讲"仁"，其实这并不符合孔子的本意。后世认为孔子专门讲"仁"很大程度上是由于《论语》，因为其中孔子讲到"仁"的地方较多，于是说孔子专门讲"仁"。这样的理解可能是值得商榷的，因为《论语》并不是孔子的著作，是后人编纂的，并不能代表孔子的思想，而且《论语》中孔子讲"道"与"德"的地方并不少。"游于艺"指的是在六艺方面游刃有余地去发挥，"游"表明既轻松又高明，古时六艺指礼、乐、射、御、书、数，其实此处的"艺"亦可为泛指一些技术层面的东西。"游"字又包含有不必过分认真

之意，意即这方面的东西，轻松面对即可，适合自己就学，有的方面确实不适合，那不学也没什么大不了的，因为那毕竟是末节的问题，并非一定要把六艺都学会、学精。此处的四项内容如果打个比方可以这样理解："道"相当于土地，广袤无边；"德"相当于树根，非常深广；"仁"相当于树干，是生长的中枢；"艺"相当于枝叶、花和果实，虽在末端，但非常繁茂，而且有具体的使用价值。

第七章讲教育需要求学之人有自发学习的态度。教育不是单向的，它不是老师一个人的事，是老师与学生之间的配合，因此要以学生自发求学为前提。

【原文】

子曰：自行束脩以上，吾未尝无诲焉。

【试译】

孔子说：自愿交纳学费来求上进的，我没有不认真教导的。

这一句后世学者们分歧较大，主要在于"束脩"一词。古人认为"修"同"脩"，是腊肉，"束脩"就是一捆腊肉，在此指代学费。现代有的学者认为"束脩"不是指代学费，认为孔子并不看重钱，指的是自己能够把头发扎好，有认真的学习态度。南怀瑾先生认为"束脩"是检点约束的意思，关键在于"自行"两个字，"自行束脩"指的是能反省自己、检束自己而又肯上进向学的人。其实学者们对于这句话的理解大致都相同，这句话讲的就是求学所应有的态度，差异只是在于强调孔子是否收取学费的问题。

笔者认为，把"束脩"理解为学费亦可。教育的本质是学生自己想学，"匪我求童蒙，童蒙求我"，所以要学生主动想学，然后老师才教，我们现代的教育成为一种法定义务，每个人必须接受教育，这虽然很有好处，使得教育得以普及，但却也容易让人们忽略了教育的自身属性。学生如何表示自己有求学的诚意呢？交学费是最正常的表达方式，这首先是对知识的尊重，过去私塾中学生学得越好，交的学费越多。而孔子的学生大多数都是成人，所以要他们自己来交学费以表明求学的诚意。孔子并非贪财之人，但他同样看重学费，因为那代表的是学生对学问的尊重和对老师的遵从，如果没有这份诚意，孔子并不是不教，而是教不了。如果他讲什么，弟子完全不当回事，甚至还反对，那就真的没有办法教。孔子不会像现在那些非常负责任的老师一样，如果学生不听自己的话，就苦口婆心地反复规劝，将其说服，再不行就找家长。孔子通常不与学生辩论，而只是拿出自己的观点和学生探讨。孔子不提倡逞口舌之利，他的观点是"巧言令色鲜矣仁"，如果他教学生也靠滔滔不绝的口才，那就是言行不一了。如后文中记载，当宰我提出守丧不必三年的时候，讲了一大堆道

理，孔子知道他的问题在哪里，却不直接批驳他，而只是说如果你心安就可以为之。宰我离开后，孔子把他的错误之处告诉了其他学生，但为什么他不直接告诉宰我呢？他一方面是不想与宰我辩论，因为宰我是善辩之人，这种人很难说服，另一方面也是想让宰我自己去领悟。子路使子羔为费城宰的时候，孔子反对，子路讲了好几个理由，孔子也未加驳斥，只是感叹说这就是口才的不好之处，其实这就是孔子的不言之教。

第八章讲教育要找到学生的适学状态。学生进入最佳的学习状态，老师再进行启发，就会有事半功倍的效果。

【原文】

子曰：不愤不启，不悱不发。举一隅不以三隅反，则不复也。

【试译】

孔子说：对于感到不能接受的，引导他们开始去研究；对于产生怀疑的，引导他们展开去思考。讲了屋子的一个角落，如果他们不能把整个屋子想明白，那就不应该再继续讲了。

"愤"的意思是不接受，"悱"的意思是不理解，当一个人对于某些东西感觉不能接受、不能理解的时候，自然就会进行思考，而这个时候只要老师稍加引导，就能对学生有很大的帮助。教育不是灌输思想，而是根据人的情况加以引导。孔子主张根据弟子的状态来教，发现弟子对某个问题有思考，认为其有问题或者有了怀疑，才启发引导其深入思考研究这个问题。"举一隅不以三隅反"不应仅按字面来理解，它指的是一间屋子只有四个角落，那么老师讲了一个角落之后，你需要学会的是整间屋子，而不只是剩下三个角落的问题，"一隅"与"三隅"之间不是基数与倍数的关系，而是部分与整体的关系。我们说举一反三，只注重了拓展使用之意，却忽略了其对于整体性学习的内涵。老子主张不言之教，上文中我们讲到孔子也是不言之教，其实两者之间是有差异的。孔子是教一点儿，剩下的让你自己去学；而老子则干脆不教，他连一个弟子都不收，最后借出关之际，让关尹子逼着自己教他，以实现学问的传承。其实我们从《论语》的记载中可以看出，孔子的教育方法也是不言之教，如子路、冉有、公西华、曾皙时，孔子让大家各言其志，孔子的反应是不一样的：对子路哂之，对曾皙表示赞同，对冉有和公西华，他什么都没说，既不反对，也没有支持，而是通过对曾皙的赞赏加以引导。但是，孔子的不言之教也有例外，在季氏将伐颛臾的时候，孔子没有再保持沉默，而是把事情讲透，批评得冉有和子路哑口无言。这里也可以看出，其实孔子并不是口才不好，只是不用而已。此处的"不复"并不是指对学生不再教授，否则何来"诲人不倦"

一说呢？它的意思是在这样的状态下暂时就不要再继续讲了，因为学生的状态不佳，继续讲达不到好的效果。孔子不会见学生笨就不教，樊迟、互乡之人都是例子，所以他这句话绝不是看到学生太笨就放弃的意思。本章的主旨是"不愤不启，不悱不发"，强调教学的关键是在于学生的状态，要把学生的愤、悱都激发出来，然后稍加启发就会有举一反三的效果。如果没达到这个效果，那说明激发得还不够，就应该先停下来不讲，想办法去调整学生的状态。在教育上，重要的不是教学的内容，也不是授课方法，而是学生的状态，老师要抓住学生的最佳适学状态，或者想办法使其达到这一状态。

第九章讲教育要达到的效果是自觉学习。学无止境，老师能教的东西永远都是有限的，而可以学的东西是无限的，所以仅靠老师传授是不行的，人要终身学习，教育的重点就是要帮助学生达到自觉学习的程度。

【原文】

子食于有丧者之侧，未尝饱也。子于是日哭，则不歌。

【试译】

在穿着丧服的人旁边，孔子连饭都吃不下。他在这一天很悲伤，并且不唱歌。

孔子的做法所体现的是对生命的尊重，这个穿着丧服的人他可能根本不认识，但他同样悲伤，没心情吃饭，更没有心思娱乐。这些并不是礼的要求，因为去世的人与他没有任何关系，而且他并不是去参加丧礼，但由于孔子了解礼的内涵，就自然而然地出于对生命的尊重而有这样的做法。从表面上看，此处所讲并非学的内容，因为孔子并没有在学什么，也没有在教弟子们学什么，好像与学无关。其实并非如此，这里讲的是习，也就是学问的用。学问不在课堂上，而在平时的生活中，学与习是一体的，课堂上所获取的知识与智慧要在实践中反复运用才能有所收获，不断运用才能实现学问的增长。实践的过程也是学的过程，用就是在巩固自己的学习，所以习也是学。

（二）育人之亨：与社会和谐相处

第十章讲教育可以让人学会如何在社会中找到自己恰当的定位。

【原文】

子谓颜渊曰：用之则行，舍之则藏，惟我与尔有是夫！

【试译】

孔子对颜回说：国家用我就出来做事，国家不用我就退隐，只有我和你能达到这种境界！

学问是内在的，但不是孤立的，所学的东西必须要与社会融合。人与社会要达到一种什么样的关系呢？此处借孔子对颜回的赞赏之语，说明人与社会连通要达到怎样的程度，这也是教育在这方面的目标。教育要有大局观，不能脱离社会环境，教育不是围绕个人来的，而是从社会需要出发的。人首先要知道自己在社会上的定位，所谓"达则兼济天下，穷则独善其身"，人要先明确自己的定位，是达还是穷，所对应的选择是不一样的。人的定位是安身立命之本，也是做人做事的依据和基础。离开了这个基础，其他事情就难以判断了。一个人喜欢诗文本是不错的，普通人可以随意去追求，但一国之君就要浅尝辄止，如南唐后主李煜就过头了，以至于把国家都弄丢了。明朝万历皇帝刚觉得自己的书法练得不错的时候，首辅张居正就马上提醒他，别把自己变成陈后主、宋徽宗。达者不能只考虑独善其身，喜欢什么就干什么。

本章这句话还有一层意思，就是老师要以自己的行为为学生作表率。老师不是简单地说教，而是要言传身教，为学生所树立的目标自己也能够做到，"先行其言，而后从之"。孔子夸赞颜回居陋巷不改其乐，他自己也能达到这一修为境界。

第十一章讲教育可以使人在具体的事情上知道该怎样做。

【原文】

子路曰：子行三军，则谁与？子曰：暴虎冯河，死而无悔者，吾不与也。必也临事而惧，好谋而成者也。

【试译】

子路说：您如果要带兵打仗，那带谁去呢？孔子说：徒手与虎搏，无舟渡黄河，即使死了也不后悔，这种人我是不要的。一定要面对事情时有所畏惧，好好谋划能够把事情做成的人才行。

上一章讲了人生的宏观方面，这一章则讲具体做事的微观方面。"暴虎冯河"出自《诗经·小雅·小旻》，原文是"不敢暴虎，不敢冯河"，暴同"搏"，是搏斗的意思。不敢徒手与虎斗，不敢无舟而渡河，原诗的意思是指国家的统治者没有魄力，面对问题没有改革的勇气，不能克服阻力和困难。此处孔子反引此诗是在告诉子路，光有勇是不行的，遇事时要有正确的态度，要学会思考，用能够实现目标的方法去做事。这一章的意思是老师要善于发现学生的问题并加以引导，在具体做事的时候，人不能光考虑自己能达到什么程度，还要结合社会情况，认识到自己与社会是一个共同体，目标是这个共同体来完成的，而不是光靠一个人去完成的，所以教育要朝着这个目标去努力。

第十二章讲教育可以使人知进退，学会系统思考。

【原文】

子曰：富而可求也，虽执鞭之士，吾亦为之。如不可求，从吾所好。

【试译】

孔子说：富如果能求得来，哪怕是执鞭站岗，我也去做。但如果求不来的话，还是做自己喜欢的事吧。

"执鞭之士"指市场的守门人，手执鞭子维持秩序。前面讲到人要重视与社会的连通，如果确实做不到，也不必苛求。连通是必要的，但不能要求过高。对于一流人才来说，"邦有道则知，邦无道则愚"，但并非所有人都能达到这样的水平。对于大多数人来说，能够做到"天下有道则见，无道则隐"就已经很不错了，退而求其次既是人生的智慧，也是教育的智慧。

第十三章讲这种通达的理念适用于各个层面。

【原文】

子之所慎：齐，战，疾。

【试译】

孔子慎重对待的事：斋戒、战争和疾病。

连通是非常广泛的，人除了与社会连通之外，还涉及其他层面的连通。"齐"同"斋"。这里为什么讲到这三件事情，因为这三件事都属于亨的范围。斋戒指代祭祀，古人把它作为人与上天、与神灵祖先之间的连通方式。战争则是国与国之间的连通，是自己与敌人之间的连通。疾病则是人与微观世界的连通方式，是人的身体、精神与细菌、病毒之间的关系。孔子对于这三件事情都是重视，表明凡是连通范畴的事都不是可以凭借自己一方的主观意愿就可以的，一定要考虑到对方，考虑整体，这也是《论语》在教育之亨的问题上的整体态度。

（三）育人之利：在文化中得到美的体验

教育有什么用呢？

第十四章以"文"为例，说明文化能达到令人意想不到的效果。

【原文】

子在齐闻《韶》，三月不知肉味。曰：不图为乐之至于斯也。

【试译】

孔子在齐国听到了韶乐，几个月一直沉浸其中，吃肉都已经没有感觉了。孔子说，没想到音乐竟能达到这样的程度。

《韶》是舜时代的音乐，前文中孔子称其尽善尽美。孔子教育的科目主要是诗与礼，这两个科目都与音乐相关。《诗》其实就是当时的歌词，都是用来唱的，由于当时还没有乐谱的记录方法，所以只是把歌词记了下来。《诗》的内容既包含了百姓的生活，也涉及了朝廷的大事，而这些都是需要音乐来辅助的。礼也是一样，在祭祀、传位、婚丧等重大活动中，都有与其相对应的音乐。所以音乐在那个时代是非常重要的东西，也可以说是文化的代表，故此孔子才曾用《韶》《武》两种音乐来分别比喻舜与周武王时期的政治。音乐代表了文化，而文化在本质上属于"文"的范畴，也就是修饰、技巧层面，通常只是发挥为人们助兴、陶冶情操等辅助功能的。但是，文化的力量也不可小看，在某些情况下，对人的影响远远超出修饰的范畴，可以达到令人意想不到的效果。

此处第一句"三月不知肉味"已经说明了《韶》乐的美妙，为什么后面还加上一句孔子的感叹呢？这不是简单地附和前面的内容，而是要讲清楚这一"意想不到"达到了什么程度。孔子对音乐是非常熟悉和了解的，而且见多识广，编《诗》的时候把全国几千首诗都拿来反复吟唱，什么样的音乐没听过？即使如此，当他听到《韶》的时候却受到了这么大的震撼，说明"文"的境界之高深竟可达到这样的程度。

第十五章讲通过教育可以使人在处事时更加得当。

【原文】

冉有曰：夫子为卫君乎？子贡曰：诺，吾将问之。入，曰：伯夷、叔齐何人也？曰：古之贤人也。曰：怨乎？曰：求仁而得仁，又何怨？出，曰：夫子不为也。

【试译】

冉有问：老师赞成卫出公吗？子贡说：好吧，我去问他。进去找到老师，问：伯夷、叔齐是什么样的人？孔子说：是古代的贤人啊。子贡说：他们最后会有怨意吗？孔子说：他们想要的就是仁，最终得到的也是仁，哪里还会有怨意呢？子贡出来说：老师不赞成卫出公。

此处的"为"不宜解释为"成为"，因为不合常理。孔子多次到卫国，虽受礼遇但并无官职，虽然后来他的弟子有一些在卫国为官，但孔子并没有自己的政治组织，夺位之说是不可能成立的。这件事的背景是卫灵公死后，太子蒯聩因此前受南子迫害逃往晋国，蒯聩之子辄继位为卫出公，蒯聩在赵简子的帮助下想夺回君位。此时孔子再次来到卫国，其弟子多在卫国做官，出公想让孔子出仕帮助他。此处的"为"是赞成、帮助的意思。孔子认为他们父子相争，不合礼让为国的理念，因此没有出来帮助卫出公。

这里举这个例子意在说明学问在实际生活中的用处。弟子

们想要知道的是孔子是否会出面帮助卫出公，但如果直接发问并不妥，学生干涉老师的事情本身是不合礼数的。如果一定要问，就要懂得发问的技巧，冉有的学问并不差，但他也把握不好该怎么问。子贡的水平比冉有高，他知道该怎么去问。他的问看似没有问，但其实已经问了，孔子也明白弟子们的意思，他通过回答子贡的问话，解答了学生心中的疑问，而子贡一听也就懂了，这才是高明的对话。大家的目的都达到了，而互相之间又不违礼数。冉有想问而不问，这是知"不用"，子贡觉得可以问，这是知"能用"，问的时候又问了一个看似无关的问题，以"不用"来问，这是"会用"，而老师的回答点到即止，子贡也当即领悟，证明这一套东西"有用"，所以这一章把学问应用之妙表现得淋漓尽致。

第十六章讲教育可以让人学会承担社会责任。

【原文】

　　子曰：饭疏食饮水，曲肱而枕之，乐亦在其中矣。不义而富且贵，于我如浮云。

【试译】

　　孔子说：吃粗茶淡饭，把胳膊弯过来枕着，这种平淡的生活中也包含很多快乐。采用不义的手段才能得到富贵，对我来说像浮云一样不值得追求。

在平淡的生活中，人一样可以快乐，一样可以领悟智慧。前文中孔子称赞颜回能安于陋巷，其实孔子自己也具备这样的品格修养。但本章重点在后一句，学问对人内心境界的提升是非常有益的，教育可以让人把"义"看得比富贵还重要，这样一来就非常有利于维护社会统治。人的本性是趋利避害、追名逐利，这会给社会带来很多问题，怎样才能对这种本性加以限制呢？那就要用"义"来加以引导。"义"是看不见摸不着的，可它却能使人不顾性命去遵从，这就是文化的力量。社会上大多数人所过的都是平淡的生活，大家都安于平淡，整个社会就安定了。但是荣华富贵对人有那么大的吸引力，该怎样让人去克制自己在这方面的欲望呢？那就要通过"义"的力量，也即"文"的作用。

第十七章讲通过教育可以引导人领悟智慧。

【原文】

子曰：加我数年，五十以学《易》，可以无大过矣。

【试译】

孔子说：如果多给我几年时间，五十岁的时候就开始学《易》，一生就可以没有大的过失了。

文化是一种载体，它本身不是智慧，却可以承载智慧，因此学习文化可以帮助人领悟智慧。孔子晚年才开始读《易》，他认为自己接触得有点晚了，如果稍早一点儿，可能在后面的人生道路选择上会更加理想。《易》是中华文化的百经之首，最简单却也最复杂，包罗万象，所以孔子对它爱不释手，至韦编三绝。其实孔子说这句话应当是在接触《易》时间并不很长的时候，在他深通易理之后心态就会更加平和，而不会再有这样的感叹。这一章的意思是"文"虽然属于修饰、技巧方面的东西，但如果深入研究，却会发现其中包含宇宙的道理、人生的智慧，作用绝不只是生活中的调味品。深通文化的人，无论是从事士、农、工、商哪一行，都能做得非常出色。要想人生无悔，须要把文化学通学透，这是文化的大用处。

第十八章讲"文"的运用是有度的。

【原文】

子所雅言，《诗》、《书》、执礼，皆雅言也。

【试译】

孔子对于正式用语的运用，是在《诗》《书》及施行礼仪的时候，这些都使用正式用语。

此处的雅言是在著书和正式场合发言时使用的，相当于书面语言。"文"虽然有上述讲的那么多用途，但并非什么地方都要用，如前所述，任何东西在用的时候都要遵循一些原则。而事实上，人在生活中，很多时候应当按照"质"的方式去做，有些时候才发挥"文"的作用。孔子虽然文字方面水平很高，但都是在很重要的地方或正式场合才使用书面语言，在日常生活中则还是讲平常百姓的话。"文"的使用也有限制的，并非适合所有地方。

（四）育人之贞：使人生更有意义

第十九章开始讲学习的好处。学习是终身的，可以让人一生过得更有意义。

【原文】

叶公问孔子于子路，子路不对。子曰：女奚不曰"其为人也，发愤忘食，乐以忘忧，不知老之将至"云尔。

【试译】

叶公问子路孔子是什么样的人，子路没有回答。孔子说：你为什么不说"他这个人啊，求学问刻苦用功，常常忘记吃饭，而从中有所收获时感到快乐，足以令其忘记忧愁，已经不记得自己的年龄了"这样的话。

　　孔子到叶地的时候已经六十多岁了，此处"老之将至"其实包含有时日无多之意。《史记》中记载这件事时"发愤忘食"之前有"学道不倦，诲人不厌"八个字，可能是取自不同的版本。虽然多了这八个字可以把这句话的意思讲得更清楚些，但基于前文中孔子曾经说过"学而不厌，诲人不倦，何有于我哉"，此处孔子自道时使用这八个字也有些不符合其温、良、恭、俭、让的性格，因此《论语》的记载应当更合理一些。此处引用这一段重点在于使用"发愤忘食，乐以忘忧，不知老之将至"，来讲明学习的好处、学习所能带来的快乐。人在年老的时候，通常已不再像年轻时一样有追求，容易失去人生目标，有的更加看重物质保障，有的寻找精神寄托。叶公也是地方上的领导，年纪当然也不小了，孔子的意思并不是告诉子路该如何夸赞自己的老师，而是告诉他应当借这个机会传播学问，让叶公这样的人也仍然有求学上进之心。就如后文中孔子向使者问蘧伯玉的时候，使者回答"夫子欲寡其过而未能也"，这个回答恰到好处，不仅不失礼，还能对人有所启发，所以得到孔子的称赞。

　　第二十章讲教育可以使人获得丰富的知识。

【原文】

　　子曰：我非生而知之者，好古，敏以求之者也。

孔子说：我并不是生而知之的人，只是崇尚前人，勤奋求学而已。

孔子知识很渊博，是怎么来的呢？都是勤奋努力学来的。学习可以丰富人的知识，提升人的素养，这是广为人知的道理。但此处与后文"一以贯之"的说法要结合起来读，这里孔子说学问来自勤学，而后文却说是"一以贯之"，两者是否有矛盾呢？其实并不矛盾。"一以贯之"是一理通百理通之意，但对于各方面的知识，还是要通过勤奋学习获得，在道理通达之后，就很快进入更高的境界了。有人从书法中悟出了剑法，有人从剑法中悟出了书法，前提都是要对这门技艺有一定的基础，所悟出的道理才能发挥作用。

第二十一章讲教育可以使人认清生活的本质。

【原文】

子不语怪、力、乱、神。

【试译】

孔子不谈论奇怪的事、超自然的力量、逻辑上解释不通的事、神灵之事。

　　人生的智慧就是要在属于我们的生活中好好体验，不能总把注意力放在那些虚无缥缈的事情上。"怪、力、乱、神"可以说是相类似的事物，都是超出普通人认知的范围，让人难以琢磨、解释不清的东西。这里的力指的并不是力量、勇力，而是那种超自然的力；乱也不是指社会秩序方面的乱，而是指按照正常的规律解释不通的事。即使是在科技水平已经高度发达的今天，仍然有些现象是现代科学所解释不了的，比如梦是怎么回事、潜意识是怎么回事、舍利子是怎么回事，还有心灵感应、既视感等，现代科学尚不能真正解释清楚，很多人在生活中有过这方面的经验，说起来感觉很玄妙，但无法解释。对于这些事物，孔子"不语"并非不知，或许他有一定的了解，但他不讲，如他告诉子路"未知生，焉知死""未能事人，焉能事鬼"。孔子不讲这方面的事情，就是告诉人们生活要脚踏实地，凡事要靠自己，不能去依靠鬼神。他告诉樊迟"敬鬼神而远之"，他没有说世上有无鬼神，而只是告诉他该怎么对待。

教育方法

　　第二十二章到第二十七章讲教育的方法问题。教育的关键在于学生，在于其怎样去学。

　　第二十二章讲学习首先要有自觉的态度。学习要靠自己，要自己找机会去学。机会只要去找，随时都有。

子曰：三人行，**必有我师焉**。择其善者而从之，其不善者而改之。

孔子说：在街上碰到三个人，我就一定可以从他们身上学到东西。发现了他们的优点可以效仿，发现他们的不足可以改掉自己同样的毛病。

这句话中国人都知道，但人们通常重视第一句话，将其理解为谦虚的态度。但是，如果这里只是讲谦虚的态度，那么作者就不会再写第二句话了。当《论语》使用两句话的时候，一定是因为第一句话尚未充分表达作者的意图，因此第二句话常常是重点。这里真正要讲的是学习的途径和方法。"三人行必有我师"，准确地说，这句话并不是说这些人当中一定有人可以做我的老师，也不是说一定有人身上有值得我学习的优点，因为后面讲了，在他们身上既可以找优点来学，也可以找缺点来学。找缺点来学，就是说你可能在他们身上一时找不到要学习的优点，找到他们的缺点也是一样的，只要能够改正或避免他们的缺点，这也是学习的收获。理解了第二句之后，再回头看第一句，就会明

白，此处的师并不是把他们视为老师之意，而是可以从他们身上学到东西，而所学的东西不一定是他们的优点，也可能是改正他们的缺点。

第二十三章讲要树立自信。

【原文】

子曰：天生德于予，桓魋其如予何？

【试译】

孔子说：上天赐予我这样的修为，桓魋又能把我怎么样呢？

桓魋是宋国大夫，他想要杀害孔子，大家都劝孔子避一避，但孔子却没有当作一回事。孔子当时已经五十六七岁了，用他自己的话说已经"知天命"。他知道上天让自己所承担的使命，在这个使命完成之前是没有人可以害得了他的，所以才讲了这句话。这句话用在这里表明的是一种自信，人要有自信。现代研究表明，心理暗示对人的影响是很大的，孔子在那个时代就知道这一点，而且还会加以运用。

第二十四章讲学习要靠自己去领会。

【原文】

　　子曰：二三子以我为隐乎？吾无隐乎尔！吾无行而不与二三子者，是丘也。

【试译】

　　孔子说：你们这些年轻人认为我还有什么没有教你们的吗？我没有隐瞒的了。我没有什么事情是不教给你们的，这才是我孔丘啊。

　　按《论语》后文记载，孔子对自己的儿子也只是告诉他去学诗、礼而已，并没有特别传授其他的东西，所以说孔子对弟子所教的与自己的儿子是一样的。孔子这句话，表面的意思是自己在教育方面并非有所保留，更进一步的意思是老师教的东西已经够了，但学生们悟得还不够。孔子说我已经把该教的、能教的都教给你们了，你们不要再想着我这里还有什么没教的，如果感觉收获不够，那是你们没有悟到。弟子们之所以来向孔子学习，是看到孔子学问很大，想要达到这样的水平，但很多人经过学习之后却觉得学问远没达到孔子的程度，自然就会心生疑问，老师是否有所保留。而且孔子教学生的时候就是读读诗、讲讲礼，有时候再演奏一下乐曲，这些事看起来都很平常，是不是有些什么心法诀窍还没有传授。其实智慧就蕴藏在这些平常的东西当中，要靠自己去悟、去体会。

第二十五章讲学习要循序渐进。

【原文】

子以四教：文，行，忠，信。

【试译】

孔子从四个方面教导弟子：修饰技巧、为人处世、忠于内心、树立自信。

此处讲到了四个方面，前两项是具体的，是规则技术层面的，后两项则是抽象的，是精神层面的。这里要注意，孔子在术的层面并不是教弟子言与行，而是文与行。文与言的区别在哪里呢？文包括如何把话讲得让人容易理解、容易接受，但并非华丽的言辞，不是雄辩，孔子并不注重培养弟子的口才。这里也体现了孔子循序渐进的教育方法。文是先教技巧方面的，从这里入手，学生一来，先教他如何说话更优雅、做事更得体，让他体验到文的作用，从而使他愿意学习，相信老师的教导。然后引导学生在具体的生活中去体验，进一步加深对所学东西的理解。有了深刻理解之后，就会有自己的思想、价值观，然后老师教他要忠于自己的内心，忠于自己的理想和价值观。最后再引导学生真正相信自己，确立自己的信念和信仰。

忠并非后世所谓对君王的忠，而是对自己内心价值、道德的忠。为什么这么说？因为孔子自已也并未按照忠君去做。首先来说，当时的天子是周天子，孔子忠于他吗？至少没有怎么表现出来。鲁国国君只是公，孔子可以说忠于鲁国，他对父母之邦是有感情的，但这并不等于忠于国君。他在齐鲁之会上保护鲁公，那是履行职责，三家把持鲁国朝政，孔子并未全力以赴地去帮助国君夺回权力。孔子后来到齐国希望能为齐国所用，到了卫国希望能为卫国所用，其实这些都是与后世的忠君思想不合的。所以，孔子的忠指的是忠于自己内心，并不是对君主的忠，对于国家的忠、对于君主的忠是包含在"行"的范畴里的。信在此处所指的也不是诚信，诚信也应当包含在"行"的内容当中，这里的信是信念、自信。一个人从术的层面入手，学会了一些技巧，然后在生活中领会了如何做人做事，进一步树立了理念，最终要达到自信的境界，这在层次上是递进的。

第二十六章讲学习亦要适可而止。

【原文】

子曰：圣人，吾不得而见之矣，得见君子者斯可矣。子曰：善人，吾不得而见之矣，得见有恒者斯可矣。亡而为有，虚而为盈，约而为泰，难乎有恒乎。

【试译】

孔子说：圣人我是见不到了，能见到君子也可以了。孔子说：真正能称得上善的人我也很难见到了，能见到始终坚持自己信念的人也不错了。无即是有，空就是满，简单就是丰富，想保持恒心也很难啊。

"亡而为有，虚而为盈，约而为泰"，如果用老子的理念去理解就很容易，而如果一定要坚持儒家与道家"泾渭分明"，那必须作另一种理解。前人几乎都认为这是孔子对社会现象的批评，通常译为：没有装作有，空虚装作充满，困约装作安泰，所以他们做不到有恒。其实孔子是不怎么批评人的，他是"恶言人之恶"的，怎么会动不动就批评别人？其实要想做到"有恒"，就要像颜回一样，明明已经吃不上饭了，却还是像丰衣足食一样，这就是"亡而为有，虚而为盈，约而为泰"的境界。否则，身家亿万的时候，把财富看得很轻，可一旦破产了，就整天想着赚钱，这当然就不是"有恒"了。

第二十七章讲教人做事留有余地。

【原文】

子钓而不纲，弋不射宿。

【试译】

孔子钓鱼时不用网去捕，射鸟不射住在巢中的鸟。

前一篇中讲到了育人的目标也是有度的，只是培养君子，而不是要培养圣人。此处讲教育方法也是要有度的。做什么事情都要有度，老师在教育学生的时候也是一样。孔子钓鱼、打猎时都留有余地，不把事情做绝，但也并非不做，而是掌握一个合适的度。

四
学习方法

第二十八章到第三十二章讲人如何去领悟智慧。

第二十八章讲获得智慧的方法因人而异，有的人只靠自己就可以，但更多的人需要别人帮助。有的人可以在生活中自然而然地领悟智慧，还有的可以通过自学获得智慧。

【原文】

子曰：盖有不知而作之者，我无是也。多闻，择其善者而从之；多见而识之，知之次也。

【试译】

孔子说：或许有人可以在不用研究的情况下就能得出成果，我还达不到这个层次。我首先是多了解，从中选择好的东西去遵从；而通过多观察进一步深入理解，是获得知识的第二种方法。

"不知而作之者"讲的是和"默而识之""生而知之"者一样的人，孔子承认世界上有这样的人，但谦虚地说自己不是，其实孔子是可以领悟到这一境界的，否则怎么能做到"一以贯之"呢？此处的"次"并不是说差一等，而是第二种方法。

第二十九章讲在学习过程中，有些人需要别人的帮助。

【原文】

互乡难与言。童子见，门人惑。子曰：与其进也，不与其退也，唯何甚？人洁己以进，与其洁也，不保其往也。

【试译】

互乡这个地方的人难以沟通。那里的年轻人拜访了孔子，门人对此不理解。孔子说：应当帮助别人进步，而不是远离他们使其继续落后，为什么要那么过分呢？人家放下自己的观念想要进步，我们应当支持他们进步，不要执着于过往的表现。

从孔子的角度来说，这段话的意思是有教无类，只要人家虚心肯学，孔子都会教诲。但从学生的角度，则是说只要虚心向学，老师都不会将你拒之门外。结合上下文来看，这里所讲的是学的问题，因此这一章应当解释为求学要有诚心，人只要"洁己以进"，自会得到帮助。

第三十章继续讲得到帮助的前提是有求学的诚心。

【原文】

子曰：仁远乎哉？我欲仁，斯仁至矣。

【试译】

孔子说：仁是很遥远的事吗？我追求仁，就已经达到仁的境界了。

仁有这么简单吗？就这么简单。只是看似简单，实际很难。孔子告诉大家"我欲仁，斯仁至矣"，无数的人听到了这句话，但有几个人能领悟，几个人能做到呢？许多大师都说过这样的话，但多数人听了以后却是不相信的，认为孔子肯定还有什么诀窍没讲，所以前文才先讲"无隐乎尔"。

第三十一章讲帮助的形式不是固定的。

【原文】

陈司败问：昭公知礼乎？孔子曰：知礼。孔子退，揖巫马期而进之，曰：吾闻君子不党，君子亦党乎？君取于吴，为同姓，谓之吴孟子。君而知礼，孰不知礼？巫马期以告，子曰：丘也幸，苟有过，人必知之。

【试译】

陈司败问孔子：鲁昭公懂不懂得礼？孔子说：他懂礼。孔子离开后，陈司败向巫马期施礼，然后走近他，说：我听说君子不应当偏袒关系好的人，难道君子也会这样做吗？鲁昭公娶了一位吴国的女子，他们二人同姓（同姓不婚），叫她做吴孟子。他如果都算知礼，还有谁不知礼呢？巫马期把此事告诉了孔子，孔子说：这是我的幸运，如果有了过失，别人就一定会知道。

陈司败是陈国的司寇。吴是泰伯、仲雍的后代，鲁是周公的后代，泰伯、仲雍是周文王的两位伯父，周公是周文王之子，所以他们是一家人，依当时的礼是不能结婚的。鲁昭公娶吴孟子违反了"同姓不婚"的规矩，确实是有违礼数的，而为了掩盖这一事实还故意称其姓子而不称姓姬，说明是明知不该做却做了，而且还想欺骗世人。孔子知道问题所在，但他站在国家立场必须要维护鲁昭公，所以才说他知礼。维护本国的国君，这是孔子做事的礼，如其所讲"父为子隐，子为父隐，直在其中矣"。但是对陈司败指出他的问题，孔子是能够正面接受的，而且把它当成一种幸运。这里就可以看出，孔子当着学生的面并没有为自己辩解，讲"我当然知道昭公做法有问题，但我只能那样讲"之类的话，而是虚心接受弟子的转达。此处这段并不是在讲鲁昭公的八卦新闻，而是借陈司败批评孔子的事，讲外界的帮助在形式上是多种多样的。

第三十二章讲遇到好老师的重要性。

【原文】

子与人歌而善，必使反之，而后和之。

【试译】

孔子与别人一同唱歌，如果唱得好，就一定请对方重唱一遍，然后自己配合他唱。

孔子发现对方唱歌水平不错，就转换为以对方为主，自己当配角。这里可以看出，孔子的教育方法是很灵活的，以学生为出发点，视情况选择合适的方法。学习时向外求助是很好的，但要找对人，如果教育方法不当，也会适得其反。事实上，有的老师在给学生指导的时候，只有一种方法——灌输，结果常常由于方法出了问题，弄得学生越学越糊涂。

为师之道

第三十三章到本篇结尾讲怎样当老师。

第三十三章讲老师不必完美，也不一定要有很高的水平。

【原文】

子曰：文，莫吾犹人也。躬行君子，则吾未之有得。

【试译】

孔子说：言行方面的修饰，我也只是和别人差不多。自己在行为上按照君子的标准行事，那么我还差得远哩。

此处的文与"文胜质则史"中的"文"同义，指的是在言行方面的修饰、技巧。孔子的意思是在"文"的方面自己并不比别人强。从当时的情况来说，有很多人比孔子在这方面更擅长，如以口才著称的祝鮀。孔子不认为"文"是很好的东西，主张"巧言令色鲜矣仁"，因此他本人不逞口舌之能，也不强调对弟子这方面的培养。大家都知道孔子是非常好的老师，但他在才华方面并不比别人优秀，也还没有完全达到君子的标准，但他却是一位好老师。学生都希望找到好老师，但天底下哪有那么多好老师。

谁都想找一个圣人学习，可天下哪里有真正的圣人呢？即使孔子也不算。对老师要求也不能太苛刻，并不是要很完美的人才配当老师，否则就没人有资格当老师了，那教育要怎么办？

第三十四章讲老师要引领学生一起学习。

【原文】

子曰：若圣与仁，则吾岂敢？抑为之不厌，诲人不倦，则可谓云尔已矣。公西华曰：正唯弟子不能学也。

【试译】

孔子说：如果说圣与仁的境界，那我是不敢当的。我只不过是自己学习不厌倦，教导别人不放弃，只能称为这个境界而已。公西华说：这正是我们这些学生所达不到的啊。

老师不必是一百分的人，但应该是不断成长进步的人。老师并不是百科全书，学生要什么有什么，也不是一座储量丰厚的金矿，等着学生开采，其实当老师的只要带着学生一起学习就够了。可是这样一来，是不是随便谁都可以当老师了呢？不是的，此处引用公西华的话就是要说明这个标准并不低，很多人是达不到的。从这两章来看，《论语》关于老师的观点与后世韩愈《师说》有的相同，有的不同。《师说》所讲的"弟子不必不如师，

师不必贤于弟子"与上一章的意思是一致的，但对师的定位是传道、授业、解惑，与《论语》存在理念上的差异。老师如果要负责传道，那前提是老师已经悟道，这样一来全世界适合当老师的就没有几个了。老师负责授业，那么容易产生两个问题。第一个是老师要具有高超的技能，因为可以传授的只有技能，智慧是无法传授的，只能靠领悟。第二个是学习的首要任务是复制老师的技能，这是我们后世教育产生问题的一个重要原因。我们的教育侧重于技能，而在孔子的时代，那只是末节的东西，道、德、仁、艺，艺排在最后，老师所能直接传授的也只有艺，我们现在的教育主要就是艺这一方面的。这是不是意味着《师说》讲错了呢？其实不然。因为《师说》是韩愈写给邻家的孩子李蟠看的，也就是说其中的观点都是针对进学者而言的。对于学生而言，应当把老师当作传道、授业、解惑之人，这是学生所应持有的态度，但从开展教育工作的角度来讲，对老师的标准是不同的，不能把标准定得过高。

第三十五章讲老师要对学生循循善诱。

【原文】

子疾病，子路请祷。子曰：有诸？子路对曰：有之。《诔》曰："祷尔于上下神祇。"子曰：丘之祷久矣。

【试译】

孔子病得很重，子路提出要祈祷。孔子后来知道了，问子路：有这样的事吗？子路很正式地回答说：是有的。《诔文》上写着：请你向天地神祇进行祈祷。孔子说：我已经祈祷很久了。

孔子所谓的祈祷与子路所谓的祈祷不是一回事，子路是为了孔子的身体健康祈祷，而孔子不是。孔子一生想要复兴礼教，他是在为这个社会祈祷。孔子的意思是，我为了要复兴礼教，一直在祈祷，可是你看有效果吗？孔子不赞成子路的做法，但他并没有说子路做得不对，而是让他自己体会。子路看到孔子为了复兴礼教而奔波，但并没取得什么明显的效果，现在孔子告诉他说已经祈祷了很久，已经把道理说透了。

第三十六章讲老师要引导学生辩证思考，而不是简单机械地给学生一个标准答案。

【原文】

子曰：奢则不孙，俭则固。与其不孙也，宁固。

【试译】

孔子说：奢华会导致张扬，节俭会导致保守。与张扬相比，我宁可选择保守。

任何事都没有标准答案，好的老师在教学生时不把任何东西固化，因为任何东西一旦固化，就会出问题。"存天理，去人欲"是一种境界，有志之士可以自己去修行，但如果作为一种标准强加于所有人，那就出问题了。孔子在讲"奢"与"俭"这个问题的时候，并不是告诉人们，俭比奢好，大家都应当从俭，而是把二者的问题都讲出来，放在一起比较，让人知道各有各的不足，采用哪一种在实践中都要注意避免自身的问题。然后，孔子讲，我个人更倾向于俭，那么作为弟子，你把事情弄懂了之后可以自己判断，并非说哪一种是一定正确的。此处体现了孔子"毋意、毋必、毋固、毋我"的性格，他并不是告诉学生一定要怎样去做。其实在前面也是如此，他讲礼时说"郁郁乎文哉，吾从周"，他并没有说周礼绝对好，只是他选择周礼，你可以跟从，也可以有自己的见解，这才是教育。

第三十七章讲老师要引导学生怎样做人。

【原文】

子曰：君子坦荡荡，小人长戚戚。

【试译】

孔子说：君子心中坦荡，普通人则常常担心诸多事情。

孔子告诉学生，君子是这样的，普通人是那样的，想做哪种人你们自己考虑。如前文一样，孔子并没有要求弟子一定要成为君子，他只是把两种人的品格放在一起比较。后世都认为君子更好，那是我们把自己的价值观加了进去。孔子此时有一定的引导之意，因为来找孔子求学的人多数都是想成为君子，否则就不必来了，所以孔子在让他们进行选择的同时，也在教给他们做人做事的态度和方法。

第三十八章讲为师之度的问题。

【原文】

子温而厉，威而不猛，恭而安。

【试译】

孔子温和而又严厉，威严但不凶猛，恭敬又很安详。

前面讲过，"君子不重则不威，学则不固"。自重是做学问的基础，此处用孔子的行为向人们诠释什么叫自重。性情温和却又严厉，说明其内心信念是很明确的；不凶猛而又威严，说明其信念是很牢固的；恭敬而又安详，说明其时刻不失自我，内心恒定。本章所讲的是表现，表现之下则是内心的态度，忠于自己的信念，充分自信，对应了前文《学而》篇中"主忠信"一语。虽

然讲君子要自重，但自重并非一定是指君子，普通人一样可以自重。我清楚自己的定位，就是一个普通人，那些高深的东西我做不来，我选择一个普通人的生活，只要做好普通人就可以了，这就是自重，这就是智慧。

参考书目

1. 《论语别裁》，南怀瑾著述，复旦大学出版社，2003年。

2. 《论语译注》，杨伯峻译注，中华书局，2015年。

3. 《论语新解》，钱穆著，九州出版社，2011年。

4. 《论语集注》，朱熹集注，郭万金编校，商务印书馆，2015年。

5. 《论语正义》，刘宝楠撰，高流水点校，中华书局，1990年。

6. 《史记》，司马迁著，韩兆琦评注，岳麓书社，2004年。